JN212395

温泉　銭湯　スパ　サウナ

イラストで読む
湯けむり建築 五十三次

著：宮沢 洋

青幻舎

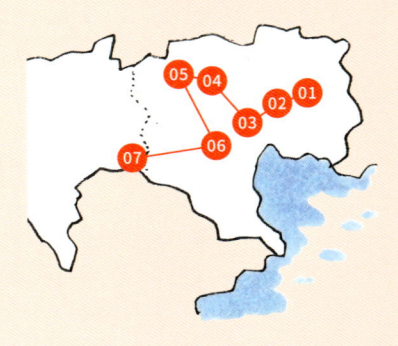

数字では伝わらない「特別な場」

　本書は建築家やデザイナーが設計した「温泉」「銭湯」「スパ」「サウナ」などの温浴施設の魅力を、イラストや写真を交えて読み解くものである。こうした施設を総称して「湯けむり建築」と呼ぶことにした。

　本書は一般的な温泉ガイドブックとはかなり違う。まず、「泉質」や「効能」といったデータがほぼ出てこない。それはなぜか。

　筆者は旅先で入る大浴場が大好きだ。都会で入る銭湯やサウナにも目がない。だが、正直に言うと、温泉に漬かっても泉質が何なのか全くわからないし、サウナ室の温度の微妙な違いもわからない。それでも気持ちが上がる。それは、湯けむり建築でしか味わえない「特別な場」を体験できるからだ。

　ならば知りたいのは、泉質や温度ではない。その浴室の設計者がどんな人なのか、どういう工夫が盛り込まれているか、時を経た今も魅力を発し続けているのか ──。そうした情報は、数値では表現できない。筆者の武器とするイラストルポの出番だ。

　一般的な温泉ガイドブックとの大きな違いがもう1つある。それは「取材」というアプローチではなく、すべての施設を筆者の自己負担、つまり「自腹」で回ったこと。これは自分が身銭を切って体験して、「心からお薦めしたい」と思ったものだけを載せたかったからだ。

　掲載数は53件。実際には70件近く回った。それぞれのリポートは、書き終えた後に各施設の了解を得たうえで載せた。そんなプロセスを経ているので、掲載した53件の湯けむり建築に全く後ろめたさはない。

　読むだけでも楽しい本になったと思うが、できれば旅先で、あるいは地元で、掲載した施設を1つずつ体験してみてほしい。建築の本質は体験だ。そして、それが強く実感できるのが湯けむり建築なのだから。

　　　　　　　　　　　　　　　　　　───── 宮沢 洋 ｜ 画文家、編集者

この本の楽しみ方

特別さを示す3つのアイコン

　前ページの「はじめに」で、「湯けむり建築でしか味わえない『特別な場』」を選んだと書いた。その特別さを生み出す要因には、大きく3つのポイントがある。各施設の冒頭（見出しの横）では、そのポイントをアイコンで明示した。（あくまで筆者の主観なので、参考としてご覧いただきたい）

ビュー

浴室から見える
自然の風景の魅力

浴室空間

浴室自体の造形や
採光の魅力

建築鑑賞

浴室に至るまでの
諸室や外観の魅力

「自腹」のため富裕層向けは除外

　筆者が「自腹」で利用できる施設を回ったため、「日帰り入浴可」もしくは「1人1泊2万円台まで」のいずれかを対象とした。1人旅を計画している人にも参考にしやすいと思う。
　ただし、筆者が訪問した時点（2021年1月〜2024年8月）で条件にはまったものを掲載しているので、利用する前にはご自身で各施設に利用条件をご確認いだたきたい。

「設計者」データは必ず掲載

　本書では、冒頭のデータ部に「設計者は誰か」を明示した。いかに良い浴室でも、設計者名が公表されていない施設は除外した。これは、プロにとっても貴重な情報になると思われる。

※掲載している情報は、2024年8月時点のものです。訪問時には各施設の詳細をご確認願います。

目次

PART 1. 東京

PART 2. 西へ、南へ

PART 3. 東へ、北へ

※本書に掲載した特記以外のイラスト・写真はすべて宮沢 洋による。テキスト（活字部）も同じ。イラスト中は敬称を省略した。

プロに聞きました！
湯けむり建築のキホンQ&A

温泉や銭湯って、普通の建物をつくるのとどう違うの？
腐食や汚れの対策は？
ユニークな施設が増えてきたのはなぜ？
つくり手の工夫や苦労を知ってから出かければ、
あなたの湯けむり体験はさらに深まるはず！

これから皆さんと日本全国53件の温浴施設を巡る旅に出ます。

どうも、宮沢です。

ペコリ

本書では、建築家がそれぞれの施設にどんな思いを込めたかを読み解いていきます。

あんなん こんなん

その前に、温浴施設の"気になる疑問"を専門家にうかがうことにしました。

キホンは大事！

白羽の矢を立てたのは岡昇平さん。「仏生山温泉」の設計者であり、経営者。

建築家兼番台！

P132参照

岡さん、今日はよろしくお願いします！

こちらこそ

今日は、パートナーの2人と一緒にお答えします。

岡さん

保井さん

広瀬さん

温浴施設の設計で大切なことは？

さまざまな建築がある中で、温浴施設の設計で特に大切にしていることは何ですか

そうですねえ

「お湯と過ごす時間」でしょうか

建築家の岡さん

「お湯と過ごす」？

家に風呂がある時代に、体を洗うとか、湯に漬かるという目的だけで来る人はあまりいません。

浴室保有率95％超！※

ではなぜ、わざわざ外の風呂に行くのか。

風呂に入りに行く、という行為は、美術館とか神社に行くことに近いのかなと思っています。

アートと過ごす

祈りと過ごす

←彫刻家でもある保井さん。アートワークなどを担当.

※2008年総務省統計局「住宅・土地統計調査」報告より。浴室保有率は9割程度の高普及率が継続していることから2008年以降の調査は廃止された

浴室以外の休憩スペースや食事処の雰囲気も、とても重要です。置くもののチョイスにも気を使ってます。

エッセイストでもある広瀬さん。空間デザインやディレクションを担当.

仏生山温泉の湯上がり処〜は最高でした！

ユルすぎず、ヨソイキすぎず…。

P132参照

ずばり温浴施設って儲かりますか?

ずばりお聞きします。街の銭湯や日帰り温泉って儲かるんでしょうか?

仏生山温泉も温泉にしては安すぎる気が…

ハハハ…

工夫と努力によっては「儲からなくはない」という答えでしょうか。

いまいったなー

儲かる"型"を極めたのがスーパー銭湯ですね。安定感はあるけど、そんなにしょっちゅうは行かない。それに対して"小料理屋タイプ"は、お客さんがつけば、毎日でも来てくれます。

銭湯(公衆浴場)の料金は、戦後復興期の物価統制令がまだ残っていて、都道府県ごとに上限が決まっています。値段を自由に上げられない代わりに、行政の補助金があります。 550円

〈例:東京都の入浴料金〉

310円

1990　2024

スーパー銭湯や日帰り温泉、サウナなどは「その他の公衆浴場」の扱いで、統制の対象ではありません。

仏生山温泉は日帰り温泉なので、値段も自由に決められます。ですが、街の人に通ってもらいやすくするために、できるだけ手頃な料金にしています。

500 100 100

注:2024年現在

11

景色を効果的に見せるには？

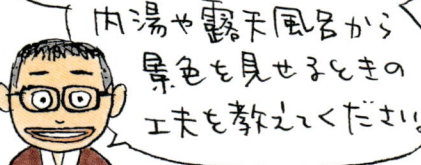

温浴施設の大きな魅力に浴室からの"ビュー"があります。内湯や露天風呂から景色を見せるときの工夫を教えてください。

まず検討するのは、こちらから見えるということは、向こうからも見えるということです。

あ、

私たちが設計した「湯河原惣湯」の"惣湯テラス"では、川に開いた浴室をつくりましたが、どの方向にどこまで開くか、かなり検討しました。意外に外から見えてしまうものなのです。

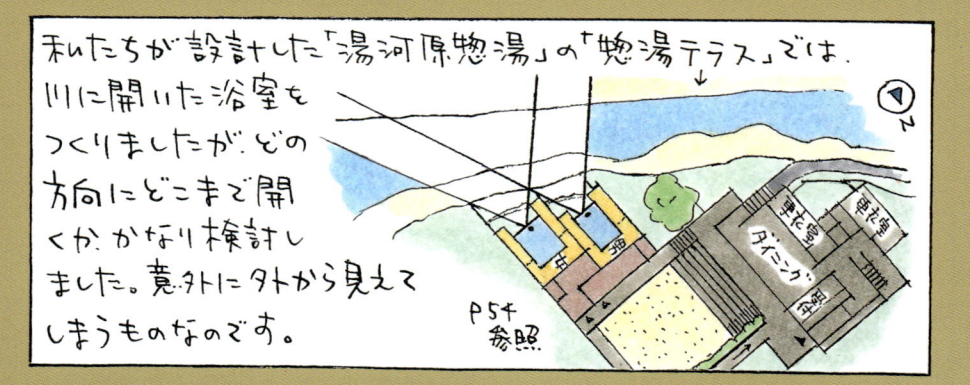

P54参照

それと、人間は目の焦点を遠くにした方が落ち着くといわれています。

×

↓

○

視点側が暗い方が景色も鮮明に見えます。

惣湯テラスはこんなビューになりました。

確かに緑の鮮やかさが目にしみました

よかった！

Q4

景色を見せられないときには？

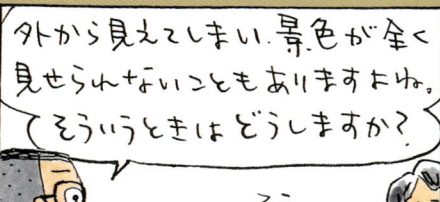
外から見えてしまい、景色が全く見せられないこともありますよね。そういうときはどうしますか？

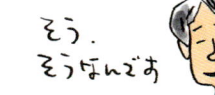
そう、そうなんです

でも、むしろそういうときこそ、設計者の腕の見せどころですね。

たしかに

「仏生山温泉」は街なかにあって、外に開けないので、男女それぞれを中庭に開く形にしました。

なるほど

P132参照

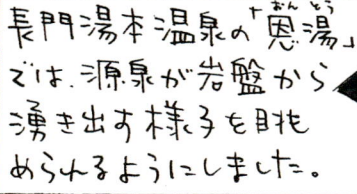
長門湯本温泉の「恩湯」では、源泉が岩盤から湧き出す様子を眺められるようにしました。

岩盤源泉

男湯

女湯

P124参照

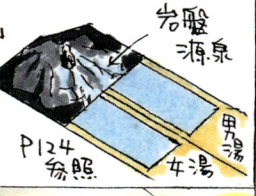
都心で敷地に余裕がないときには、どうします？

あの岩が湯元か

うーん都心では経験がありませんが、空や光を見せますかね。

やってみたいです！

「インフィニティ風呂」は難しい？

浴槽のお湯が風景と連続して見える「インフィニティ風呂」が増えています。どう難しいのですか。

フチが見えない

それほど難しくありませんよ

えっ？

誰も思いつかなかったということでしょうか。

※屋外側の浴槽の縁など風景を遮るものをなくし、浴槽から連続した景色を楽しめるよう工夫した風呂のこと

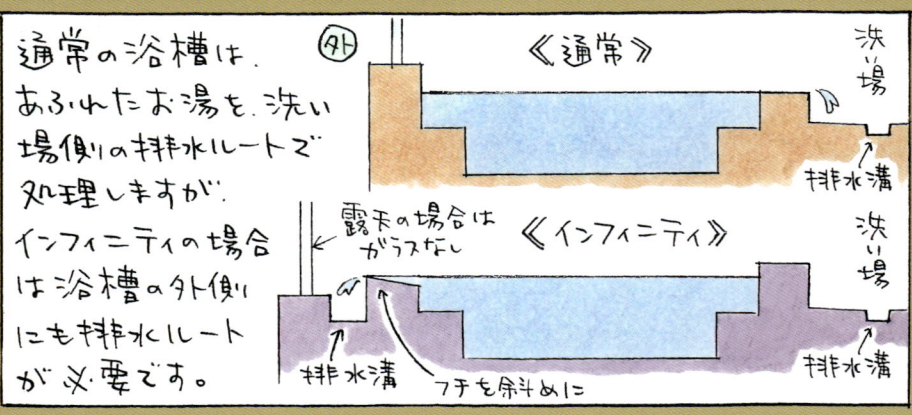

通常の浴槽は、あふれたお湯を、洗い場側の排水ルートで処理しますが、インフィニティの場合は浴槽の外側にも排水ルートが必要です。

《通常》　洗い場　排水溝

露天の場合はガラスなし　《インフィニティ》　洗い場　排水溝

排水溝　フチを斜めに

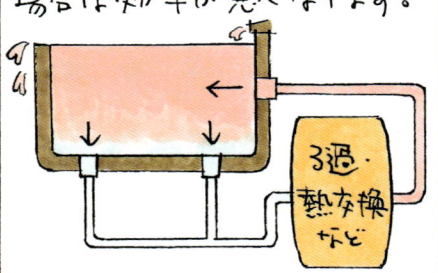

それと、常にあふれている状態を見せるには、捨てるお湯の量が増えるので「循環ろ過式」の場合は効率が悪くなります。

ろ過・熱交換など

「かけ流し」のお湯は常に捨てているわけなので、「惣湯テラス」ではインフィニティにしました。 P54

排水溝

かけ流しはなぜ珍しい?

「かけ流し」の話が出ましたが、源泉かけ流しの風呂はどうして少ないのですか?

かけ流しという言葉、惹かれますけど…

まず、温泉が出るからといって、必ず「かけ流し」にできるわけではありません。

湧いた!!

かけ流しにするには…

① 湯量
入浴人数に見合う豊富な湯量があること。

② 温度
温度が低いと加温が必要。高過ぎると水で薄めたり、熱交換器で温度を下げることに。

「仏生山温泉」は、湯量が多いので、すべての浴槽がかけ流しです。

脱衣室　露天　内湯　サウナ

P132

なんと、あんなにたくさんの浴槽すべてがかけ流しとはぜいたくな…

はい。それでも個々の浴槽の大きさは、3時間程度で湯がたまるように設計しました。大き過ぎると湯が冷めますし、夜は毎日、湯を抜きますから。

ヒノキは浴室に使っても腐らない?

木を使った浴室には独特の
リラックス感があって好きです。
でも 木は腐りやすいですよね?

はい。木は身体性に近い材料
なので 私も好きですが、
カビが生えたり、腐っ
たりしやすいのも事実です。

手頃な値段で使える
木材の代表がスギ(杉)
ですが、水にあまり強く
ありません。

スギよりも水に強
いのがヒノキ(桧)
やヒバです。

さらに強いのが
マキ(槇)です。

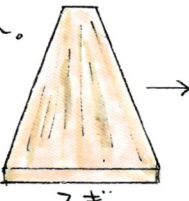

スギ

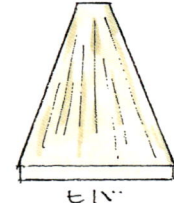

ヒノキ　　ヒバ

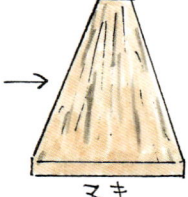

マキ

なるほど。今回巡った中にも
高野槇(こうやまき)を使った浴室
がありました。

ホテルリスク
(P88)とか…

仏生山温泉
にもあります!

香りの良さですかね。でもヒノキ
の香りは長くは続きません。

ヒノキは、表面を削
って香りが再び出るよう
にする方法もあります。

見た目もきれいに!

おお、
簡単再生!

でも、マキが水に強いのに
ヒノキ風呂の人気が高
いのはどうしてですか

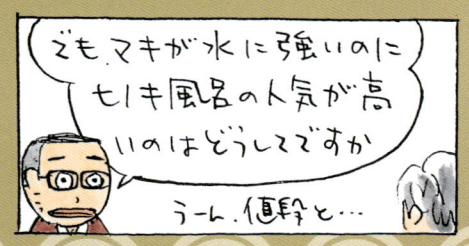

うーん、値段と…

浴室が汚れない裏技はある?

期待して行った風呂がカビっぽくてがっかりすることがあります。汚れにくい裏技とかってありますか?

裏技があったら教えてほしいです。仏生山温泉でも毎日、汚れとの闘いです。

浴室は、カビが生えやすい条件がそろってしまうんです。

<カビ発生の4大条件>
- ① 湿度60%以上
- ② 温度20〜30℃
- ③ 栄養源(皮脂や髪の毛)
- ④ 酸素

温度と酸素はいかんともしがたいですが、残り2つをいかに減らすか、という闘いです。

温度については、機械換気の能力が昔よりも上がっているので、カビは生えにくくなっています。

栄養源については、毎日丁寧に掃除をする。掃除しやすくつくっておく。しかありませんね。

ゴシゴシ

あーっ

天井は毎日掃除することが難しいので、アルミなど汚れにくい材料でつくっておくのが安全です。

記憶に残る脱衣所はなぜ少ない?

浴室に入る前に、脱衣所の印象がよいと気持ちが上がります。でも、そういう脱衣所って少ないですよね。

もったいないなー。と…

わかります。「お湯と過ごす時間」のために、脱衣所はとても重要ですが、手が回っていないのでしょうね。

これからの課題です。

脱衣所を開放的にしようと思っても、普通は脱衣所→内湯→露天という動線なので、屋外から脱衣所が一番遠くなってしまいます。

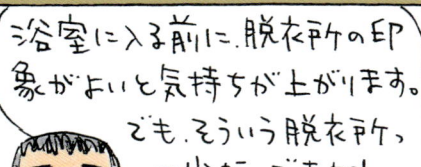

内		外
脱衣所	内湯	露天

開放度 低

一方通行タイプ

開放度 高

「仏生山温泉」では、脱衣所を中庭に開く形にしました。構成は三角なのでグルグル回れます。それも1つの方法でしょう。

P132参照

脱衣所 / 露天 / 内湯

これはいい!

脱衣所を開放的なつくりにするときには、見られにくいスペースをつくっておくことも重要です。特に、女性湯ですね。

なるほど確かに…

この本では、脱衣所の絵を描いたのは6件だけでした。

久松湯、延命湯、山頭火、仏生山温泉、ゆぽっぽ、界ポロト

描きたくなる脱衣所、もっと増えてほしい!

Q10

温浴施設はさらに魅力的になる？

近年、いろいろなアイデアの温浴施設が登場していますが、ネタ切れになりませんか。

それは心配ないですよ。温浴施設の設計は"問題解決型"ではないので、答えが無限にありますから。

面白いものが増えていると言っても、これまで取り組む建築家が少なかっただけで、これからも、もっと面白いものが生まれますよ。

むしろ、これからです！

そうですか！楽しみです！

ご協力いただいた3人を改めて……

岡昇平

おかしょうへい：建築家、設計事務所岡昇平代表建築家、仏生山温泉番台、仏生山まちぐるみ旅館代表。1973年香川県生まれ。日本大学大学院芸術学研究科修了。みかんぐみを経て高松に戻る。建築の設計を本業としながら、家業の温泉を運営。まち全体を旅館に見立てる「仏生山温泉まちぐるみ旅館」を手がける。2021年〜岡山県立大学非常勤講師。事務所のサイトは https://ooso.busshozan.com/

広瀬裕子

ひろせゆうこ：エッセイスト、ディレクター。1965年東京生まれ。1985年大妻女子大学短期大学家政学部住居学科卒業。書籍編集者を経て95年にエッセイストに。2017年〜設計事務所岡昇平共同代表。

保井智貴

やすいともたか：彫刻家、武蔵野美術大学造形学部教授。1974年アントワープ生まれ。2001年東京藝術大学大学院美術研究科彫刻専攻修了。2017年〜設計事務所岡昇平共同代表。「空気感」をテーマに国内外で個展を開催。

隈 研吾氏（建築家）× 米山 勇氏（建築史家）

風呂の歴史は近代の抑圧との闘い
異空間から"都市のエンジン"へ

本書で3件を取り上げている"湯けむり建築の名手"隈 研吾氏。
知る人ぞ知るデビュー作は、「伊豆の風呂小屋」だ。
隈氏には温浴施設に対する特別な思いがある、と聞きつけ、
建築史家で日本銭湯文化協会理事でもある米山 勇氏と対談してもらった。
話はモダニズム論、銭湯の歴史から、都市の未来へと向かう。（聞き手：宮沢 洋）

左が隈 研吾氏、右が米山 勇氏。江戸東京たてもの園の子宝湯にて（人物写真：鈴木愛子）

――私が湯けむり建築の本をつくろうと思った理由は2つありまして、1つは、温泉や銭湯がこれだけ人気なのに、温浴施設が建築的に語られることがほとんどないこと。もう1つは、最近の5年くらいで、建築的に面白い温浴施設がぐんと増えたことです。逆に言うと、「建築家」と呼ばれる人たちはこれまであまり温浴施設に力を入れてこなかったのではないかという気がします。まずは、そういう見方についてお二人はどう思われますか。

米山 勇（以下、米）：日本の建築家は、風呂とトイレには興味を持たないように振る舞ってきたように思います。例えば清家 清さん（戦後日本の住宅建築の礎を築いた建築家、1918〜2005年）の自邸には、トイレにドアが付いていないという有名な話があります。そのことは、トイレや風呂という「私的空間」に建築家が関心を持つべきではないというメッセージだったと思うんです。

米山 勇 (よねやまいさむ) 氏
建築史家、東京都江戸東京博物館研究員、日本銭湯文化協会理事。1965年東京都生まれ、早稲田大学大学院理工学研究科博士後期課程修了。博士(工学)。著書に『TOKYO名建築案内』(監修、朝日新聞出版)、『写真と歴史でたどる日本近代建築大観』(全3巻)(監修、国書刊行会)、『世界がうらやむニッポンのモダニズム建築』(監修、地球丸)、『日本近代建築大全　東日本編』『同西日本編』(監修、講談社)、『米山勇の名住宅鑑賞術』(TOTO出版)、『時代の地図で巡る東京建築マップ』(共著、エクスナレッジ)、『けんちく体操』(共著、エクスナレッジ) など。「日本建築家協会ゴールデンキューブ賞特別賞」(2011年)、「日本建築学会教育賞(教育貢献)」(2013年) 受賞。

隈 研吾 (くまけんご) 氏
建築家。1954年生まれ。1990年、隈研吾建築都市設計事務所設立。慶應義塾大学教授、東京大学教授を経て、現在、東京大学特別教授・名誉教授。自然と技術と人間の新しい関係を切り開く建築を提案。著書に『日本の建築』(岩波新書)、『全仕事』(大和書房)、『点・線・面』(岩波書店)、『負ける建築』(岩波書店)、『自然な建築』、『小さな建築』(岩波新書)、他多数。設計活動では40を超える国々でプロジェクトが進行中。国内では「国立競技場」(2019年)のような国家プロジェクトの一方で、中小規模の温浴施設も多数設計しており、本書では「銀山温泉共同浴場 しろがね湯」(188ページ)、「Snow Peak FIELD SUITE SPA HEADQUARTERS」(176ページ)、「キトウシの森きとろん」(206ページ) の3件を取り上げている。

隈 研吾（以下、隈）：近代の建築家が身体的なもの、特にその極致である私的身体を抑圧してきたというのはまさにその通りだと思います。だけど逆に、その部分に建築家の感性の針が無意識のうちに振れてしまうところがあったんじゃないかとも思いますね。

　私的身体についてフォーマルには発言できないけれど、やっぱりそこに対して自分の体が反応しちゃうという感じでしょうか。

　ル・コルビュジエ（モダニズムをけん引したフランスの建築家、1887〜1965年）の「サヴォア邸」でも、風呂がすごくいいじゃないですか。タイル張りでトップライトから光が入ってかっこいい。リビングとかダイニングとかは最悪だと思うんだけれど、風呂だけはいいと思います（笑）。

コルビュジエはパリのアパートなんかを見てもシャワー室は特別いい。小さくても居心地がいい。彼はいつも裸でいたい人で、人前でもよく裸でいた。フォーマルなコルビュジエのモダニズムのテキストでは風呂の話なんか全く出てこないけれど、彼は本質的には人間の身体というものを設計の中心に据えていた。「モデュロール」だって身体を基準にしたわけだし。そういう部分への感性は人一倍強い人だった。

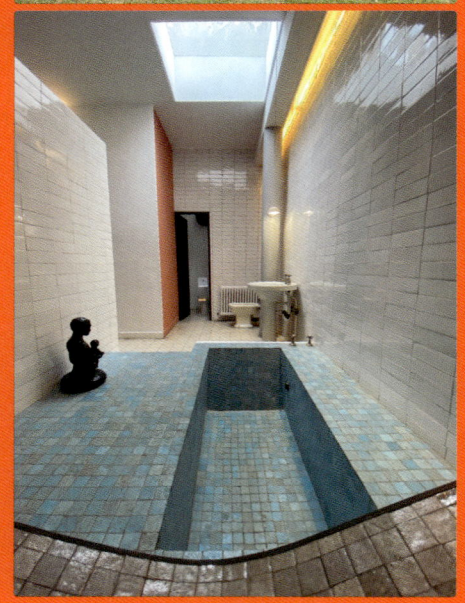

サヴォア邸の外観（上）と浴室（下）（写真：宮沢洋）

"下半身の文化"に自信を取り戻す日本

── 清家 清さんは、コルビュジエよりもミース・ファン・デル・ローエ（「Less is more」で有名な米国の建築家、1886〜1969年）に惹かれていたから、風呂やトイレに興味が持てなかったんですかね。

隈：いや、清家さんは猥談とかめちゃめちゃ好きな人でしたよ（笑）。大学の授業でもトイレの話をよくしていました。日本と西洋のトイレが違うのは、日本人と西洋人では根本的に排便の構造が違うからだみたいな話をして学生を沸かせていたのを覚えています。

それって谷崎潤一郎が『陰翳礼讃』の中で、突然、トイレの話を書いたりしているのに似ていて、モダニズムに染まったおじさんたちの中に抑圧されていた部分が突如、過剰に表出しているようなところがあるんじゃないですかね。

米：確かにそれはあるかもしれない。モダニズムの知性を装うことによる抑圧って相当なものだったんだろうと思います。

村野藤吾さん（モダニズムと距離を置いた装飾重視の建築家、1891〜1984年）みたいな人は、モダニズムばりばりの建築家たちからしてみるとうらやましくて仕方がなかったんじゃないか。芸者さんの話とか、新歌舞伎座の連続する唐破風とか。ああいうスタイルで生きてものを言い、つくるように自分たちだってなり

たいけれど、前川國男さん（ル・コルビュジエに学んだ建築家、1905～1986年）も丹下健三さん（戦後の日本建築界を代表する建築家、1913～2005年）も、なかなかそれはできませんよね。

　特に日本では、モダニズム的な「理」の体現者としての自己を全うしなきゃいけないっていうプレッシャーがすごかった。

隈：村野さんや堀口捨己さん（現代的数寄屋を切り開いた建築家、1895～1984年）のように抑圧された部分を伝統の力をかりて、上手に表現として出していく人たちと、前川さん、丹下さんのようにダークサイドを全く持たないふりをする人たちと2種類あったような気がしますね。

── 風呂やトイレを抑圧するというのは、先ほど米山さんがおっしゃったように、モダニズムでは私的なことを論じるべきではないという風潮があったわけですか。

隈：要は下半身の話はしないということですね。

── 実は、前川さんも丹下さんも、この本をつくるために候補を探したのですが、いい風呂が見つからなくて……。写真すら載ってないですね。

米：彼らにとっては、ついこの間、戦争に負けた国ですからね。完璧な「モダニズム的理性」を獲得しているということを演じる必要があったんじゃないでしょうか。下半身の話なんか絶対したくなかったんでしょう。

　今の世代の建築家はそれがもうないんですよ。銭湯とかサウナとか、トイレなんかも当たり前に設計して、話せる。隈さんの渋谷のトイレ（「鍋島松濤公園トイレ」、2021年竣工）が象徴的ですよね。

── 確かに、名の知れた建築家が公共のトイレを設計する例も増えていますね。

米：私的なものを開放するという流れですね。

隈：銭湯もそうですが、日本の文化っていうのは、西洋の文化と違って、下半身が社会の中でちゃんと開かれていたと思うんです。それが日本人の文化の浮世絵や江戸時代の銭湯文

鍋島松濤公園トイレ（写真：宮沢 洋）

化のように重要な部分を占めていた。

　それなのに、捨ててしまった。明治にキリスト教が入ってきたときから、日本人が誇りとすべき下半身の伝統を消してしまったんです。それが近年になって、渋谷区のトイレプロジェクトとか、そういう部分に海外からも光が当たって、日本人が"下半身の文化"に自信を取り戻しつつあるというところなんじゃないでしょうか。

江戸の湯屋は
都市の日常の異空間

── 銭湯の話が出ましたが、米山さんは以前、日本の庶民にとって銭湯は「都市の異空間へいざなう入り口」だったと書かれていますね。その辺りの話を少しうかがえますか。

米：はい。都市の生活はいつの時代も「fast」な時間性を前提としています。都市の外部（郊外）でなく内部に「slow」が存在するためには、何らかの建築的な仕掛けが必要です。それが銭湯だったと私は考えています。

江戸時代後期の黄表紙に描かれた銭湯の「石榴口」を模写した。石榴口を体をかがめてくぐると浴槽がある。歌川豊国画「賢愚湊銭湯新話」（1802 年、山東京伝作）の一部より（模写：宮沢 洋）

　浴室というものは、もともとは宗教的行事の場でした。銭湯（＝湯屋）が広まったのは江戸時代です。江戸幕府が開かれる少し前、1591（天正 19）年に、伊勢与市が銭瓶橋（現在の東京・日本橋の常盤橋公園付近にあった橋）の近くで湯屋を開業し、永楽 1 銭の代金を取ったのが始まりとされています。

　この銭瓶橋の湯屋は蒸し風呂でした。その後も「戸棚風呂」と呼ばれる、浅い水槽の上部を壁で囲い湯気を逃がさないようにして湯浴と蒸気浴とを同時に行う方式が江戸の入浴の主流でした。入り口には「石榴口」と呼ばれる、引き違い戸のかわりに鴨居を下から三尺ほどの低い位置まで下げたものがあって、そのやや奥に浴槽が置かれていました。石榴口は湯気を逃がさないための工夫で、江戸では鳥居に似たものが多かったようです。

　この石榴口は、まさにfastとslowの「結界」でした。洗い場と浴槽の間に装飾的な装置が

幕末期の浮世絵に描かれた銭湯の女湯（洗い場）を模写した。中央付近の四角い湯桶から各自小さな桶に湯を汲んで体を拭いているのがわかる。豊原国周画「肌競花の勝婦湯」（1868年）より（模写：宮沢 洋）

置かれ、それをくぐった内部は薄暗く、湯気が立ち込め、まるで別世界です。石榴口という結界をくぐることによって、江戸の人は異なる時空間を行き来しました。

── 江戸時代から銭湯は庶民の娯楽、という感じだったんですか。

米 ： 江戸時代は娯楽を通り越して日常欠かせないものでした。

隈 ： 庶民が毎日行ってたんですか。

米 ： 江戸の人は綺麗好きで、1日に2回以上という人も当たり前だったといわれています。

隈 ： ぜいたくだなあ。

米 ： 湯銭も安かったんですね。お湯の量はそんなに多くなくて、最後に上がり湯をもらって、かけて出るっていうものです。

── 男女の浴室が上でつながっているという形式は江戸の頃からあったのですか。

米 ： おそらく江戸の早い時期からあったと思います。ただ、天井の高さは今我々が想像するような高いものではないです。

　江戸の湯屋は、華やかな石榴口が付いていましたが、外観は一般的な町家と変わりませんでした。銭湯の建物全体が、特異な性格を発

江戸東京たてもの園・子宝湯を見学中の2人

歌舞伎座（写真：宮沢 洋）

揮するようになるのは近代以降、関東大震災
後の東京においてです。

　大ぶりな千鳥破風や入母屋破風、玄関上に
据えられた象徴的な唐破風、厳格なシンメト
リー、過剰なまでの彫刻。先ほど見ていただ
いた「子宝湯」のような寺社風の建築は、都
市の日常のなかの異空間そのものだったでしょ
うね。

隈：破風といえば、以前、新橋の「歌舞伎座」
（2013年竣工）を設計していたときに、「こんな
銭湯や派手な寺社みたいなデザインは、東京
を代表する文化施設にふさわしくない」という
声が出て、計画が一時ストップしたことがあり
ました。

米：実は、東京の銭湯によく見られる唐破
風は、関東大震災の後に歌舞伎座を真似した
ものだと私は考えています。復興のシンボルに
使われたということでしょう。

隈：なるほど、当時からモダニズムの抑圧
と闘った結果が銭湯のあのデザインだったわ
けですね。

出発点は『10宅論』と「伊豆の風呂小屋」

—— 最近になって建築家が温浴施設を手掛け
る例が増えてきたのはどうしてでしょうか。

米：建築写真が変わってきたということと、も
しかしたらリンクしているかもしれません。建
築写真って、かつては人が全く映っていなかっ
た。それが、人が入るようになってきた。妹
島和世さん（柔らかい建築を切り開く建築家、
1956年〜）あたりから変わってきたなという
気がする。今はもう完全に変わっていて、人が
映っている建築写真は当たり前です。そういう
ことと、建築家が私的な空間を重視するよう
になったことはリンクしているような気がして
います。

隈：建築家の意識も変わってきたと思うけ
れど、やっぱり世の中が風呂を強く求めてい
るからじゃないですか。風呂1つでホテルの収
益性がガラッと変わるみたいな話がよくありま
すから。

—— 隈さんは、デビュー作が「伊豆の風呂小屋」
（静岡県熱海市、1988年竣工）です。当時、私
はなんて変わったタイトルを付ける人なんだろ
うと思った記憶があります。普通の建築家な
ら、「伊豆の望洋楼」とかではないかと。当時
から風呂の時代が来る、という読みが？

隈：そうではないですが、あの建築のタイトル
が自分の出発点になったことは確かです。

僕の原点は、著作でいうと『10宅論』（1986年発刊）です。住宅の神格化、例えば篠原一男（「住宅は芸術である」と宣言した建築家、1925〜2006年）の住宅論があって、それが安藤忠雄（コンクリート打ち放しを日本に広めた建築家、1941年〜）に引き継がれていくみたいな構図、個人住宅の神格化みたいな流れをものすごく気持ち悪く感じていて、それを批判したのが『10宅論』だった。なぜ個人住宅を自分の思想とからめてそんなに偉そうに語るんだろうと。

実際には個人住宅の私有というのは、近代の資本主義の中にどっぷり飲み込まれていて、20世紀資本主義の最も効率的な道具としてあった。にもかかわらず、社会に対する神聖なる抵抗、一種のゲリラとしてたてまつる（注：安藤氏は自作を「都市ゲリラ住居」と呼んで

『10宅論—10種類の日本人が住む10種類の住宅』（ちくま文庫、1990年）。単行本の初版は1986年10月発刊

いた）ことのおかしさを笑い飛ばそうと思った。僕が一番ひねくれていた時代です（笑）。

『10宅論』と、「伊豆の風呂小屋」は一対になっているんです。伊豆の風呂小屋を頼んできたのは、友達の友達で、自分は別荘を頼みたいわけじゃなくて、風呂場と脱衣場を設計してほしいんだと。温泉の出るところに安い土地を買ったから、脱衣場がでかくなったみたいなものを設計してほしいという奇妙な（笑）オーダーだった。

── もともと風呂重視の依頼だったんですね。

隈：そう。これは僕が『10宅論』で言おうとしていたこととぴったり同じだなと。それで、彼のオーダーそのままに「伊豆の風呂小屋」というタイトルで発表しました。

建築のデザインも、当時人気だったコンクリート打ち放しに対して、どれだけ逆をやれるかっていうことを考えました。そういう意味で風呂っていうのは僕にとっては反近代であり、モダニズムをさらにマッチョに進化させた「日本式モダニズム」に対する批判の拠点であっ

伊豆の風呂小屋。対談後に隈氏に同行して見学させてもらった（写真：宮沢 洋）

隈研吾のデビュー作「伊豆の風呂小屋」(1988年)。隈の"風呂観"は、ここで既に完成していた。

2面が窓で、鋭角に海に突き出す。

脱衣室 浴室

洗い場は縦に長く、上部にハイサイドライト。

脱衣室 浴室 居間 厨房 バルコニー N

浴室の人と話しながらくつろぐ縁側風バルコニー。ああ、ビールが飲みたい!

絶景

たと思います。

—— なるほど。運命的なお施主さんと出会って、風呂が実作への入り口になったんですね。

隈 ：「伊豆の風呂小屋」でデビューしたので、その前に篠原的な住宅とか安藤的な住宅を望む施主と出会っていたら、全く違う建築家になっていたのかもしれない（笑）。

風呂は五感で
設計できるのが面白い

—— 隈さんが温浴施設を設計することが多くなったきっかけは、銀山温泉の「しろがね湯」（2001年竣工、188ページ）ですか？

隈：そうですね。あれは、銀山温泉の旅館の改修の話が先にあったんだけど、そのとき、温泉組合の組合員が入れる小さなお風呂も設計してもらえないかという話があって、「こっちの方が面白いかも」と頑張っちゃって、すごく時間をかけました。

そうしたら、あるときデザイナーの三宅一生さん（1938〜2022年）が、山形のあの風呂を見つけたけど良かったよ、って褒めてくれた。自分が尊敬していた三宅さんが、あんなところまであんな小さいものを見に行ってくれたのかとびっくりした。

—— 三宅さんに褒められて、この方向で行ってもいいんだと。

銀山温泉藤屋。下の写真は浴室の1つ（写真：宮沢 洋）

蓬莱 古々比の瀧。浴槽だけでなく、洗い場も絶景だった。残念ながら、現存せず（写真提供：隈研吾建築都市設計事務所）

隈：自信がつきました。

それと僕には、風呂好きな人を惹きつける力があるみたいで。その後も藤屋（銀山温泉）の女将さんとか（「銀山温泉藤屋」は2007年竣工）、熱海の蓬莱の女将さんとか（「蓬莱 古々比の瀧」は2003年竣工）、いろいろな人に風呂の設計を頼まれて、多くのことを学びました。

── それまでは、建築家に頼むようなものではないと思われていたんでしょうか。

隈：こんな小さな風呂の設計を頼んでも申し訳なくはない、と思わせる何かが僕にはあるのかもしれない（笑）

── 風呂の設計は面白いですか。

隈：普通の建築はほとんど視覚だけじゃないですか。風呂っていうのは視覚だけでは設計しないんですよ。本当に五感で設計しないとならない。湯の底に体をつけたときにどういう素材で体が触れるかとか、意識せずとも五感の設計になっちゃうところが面白いです。

── 確かに、あんなに体で触る建築空間は他にないように思います。

隈 ： それに、視点もすごく変わります。よく茶室は座ると視点が変わるっていうけれど、風呂はもっと変わりますよ。水面から顔だけ出して見るとか。狭いけれど浴室内の移動も多い。

── 最後にやや大きな質問ですが、温浴施設が切り開くかもしれない今後の建築の可能性についてどう思われますか。

米：入浴空間は、「浴槽＝舞台」という劇場的空間を裸身で体感できる稀有なビルディングタイプです。温浴施設の充実は、「建築を鑑賞する」ことをピュアに、わかりやすく体験できる空間が、街に増えることを意味すると思います。

隈：僕は「私性」、今日の話で言うと「下半身」がこれからの建築の主役になっていくことは間違いないと思っています。近代というのはある種の規格化された空間の中に人間を囲い込むことにより効率的な社会をつくるもので、そこで一番抑圧されたのが下半身だった。

下半身がどこまで都市の中で大きくなっていけるかを考えたときに、ただのスーパー銭湯だけで終わっては面白くない。何か別な形で、下半身が都市計画の中心、エンジンになるような社会が来たら面白いなと僕は見ています。

── 下半身がエンジンになる都市……。この対談から日本の都市の未来が変わりそうです（笑）。本日は楽しいお話をありがとうございました。

PART 1.

♨

東 京

まずは、
"マンション銭湯"
から！

1

銭湯愛とラフ感で下町風呂を再生

黄金湯

黄金湯はいわゆるマンション銭湯。上部の
タイル張りとコンクリートの対比が印象的

1932年開業、現施設は2020年完成

［所在地］東京都墨田区太平4-14-6
［交通］JR錦糸町駅から徒歩約10分
［日帰り入浴］可
［公式サイト］https://koganeyu.com/

［設計］スキーマ建築計画
［施工］TANK
［構造・階数］鉄筋コンクリート造、地下1階・地上6階（浴室は1階）
［延べ面積］1113.34㎡

　東京・錦糸町に「黄金湯」が創業したのは
戦前の1932年。現在の"マンション銭湯"の
姿になったのは1985年。それから30年がた
ち、高齢の経営者は引退を決意する。「なんと
かしたい」と考えたのが、黄金湯から徒歩
5分のところにあるライバル銭湯の「大黒湯」
だった。大黒湯オーナーの新保夫妻は黄金湯の
経営権を受け継ぎ、2018年に姉妹店とした。

　老朽化が激しかったため、スキーマ建築計
画を主宰する長坂 常氏の設計で2020年2月
に改修工事に入る。長坂氏は素材の持つラフ
さを生かしたデザインを得意とする建築家だ。
しかし、工事中にコロナ禍が拡大。収入源の
大黒湯の集客が激減してしまう。夫妻は不足
する工事費を募るクラウドファンディングを
実施。なんと5日間で当初の目標額が集まっ
た。2020年8月に再オープンしてからのにぎ
わいは、まるでドラマの1シーンを見るよう。

無駄を削ぎ落しながらもどこかヒューマンな洗い場のデザイン
は、長坂 常氏の真骨頂（写真：高野ユリカ）

漫画家のほしよりこ氏が描いた富士山（銭湯絵）を眺めながら入浴
（写真：高野ユリカ）

湯MEMO　2022年、2階にカフェ「コガネキッチン」がオープン。当初から「番台バー」ではオリジナルビールを提供してきたが、
2023年、業界初の銭湯直営ブルワリー（醸造所）を開設。入浴はサクサク済ませ、湯上がりにゆったりと。

浴槽は、ジェットの出るあつ湯、日替わりの薬湯、炭酸泉、水風呂（18〜20℃）の4種類。使用している水は、地下から汲み上げた軟水をさらに軟水機に通した超軟水（写真：高野ユリカ）

黄金湯を象徴する大提灯が吊り下げられた「番台バー」。店内BGMはすべてアナログレコードによる。銭湯と音楽が醸す、人々の交流の場（写真：高野ユリカ）

こがねゆ
「黄金湯」の再生の物語は、いつか映画になるのではないかと思う。

Before

After (2020-)

改修の設計者は長坂
常。本人もデザインも、
ラフでかっこいい。

JO
NAGA
SAKA
1971-

外観だけでもオシャレ感がダダ漏れ。

核となる浴室は、長坂らしい潔さ。

女湯　男湯

もとの風呂の
大きさは変えず
に改修。機
能的に無理
はしない。

男女が分かれる2.25m
より下は、温かみのある
ベージュ色素材で統一。
それよりも上は、コンク
リートのスケルトンに。

男女の越境部
には、富士山を
テーマにした絵
巻物。ほしより
こ(漫画家)作。

あ、空もそう…

感心したのは、洗い場のデザイン。鏡の周りに壁がなく、スケルトン状態。洗い場から浴槽の混み具合がわかり、浴槽からは洗い場の状況がわかる。

街の銭湯ではテキパキと用を済ませるのが暗黙のルール。そう、銭湯はある意味で"戦闘"なのだ。

機械室

外気浴

水風呂

サウナ

女湯

男湯

脱衣室

番台

ロビー

脱衣室

水風呂

外気浴　サウナ

サウナは追加料金ながら入場制限がかかる人気。

思わずビールを頼みたくなるイカした番台。キリッとした味のクラフトビールを長椅子で飲む。隣にはコーヒー牛乳を飲む子ども。いいなよここ…

2階にはカフェがあり、「とりの塩麹丼」が絶品だった！

2

巨大のれんに導かれ、雲間を漂う

両国湯屋 江戸遊

巨大なのれんを思わせる外観の見上げ

1996年開業、現施設は2019年完成

［所在地］東京都墨田区亀沢1-5-8
［交通］JR両国駅から徒歩5分
［日帰り入浴］可
［公式サイト］https://www.edoyu.com/ryougoku/

［設計］久保都島建築設計事務所
［施工］松井建設
［構造・階数］鉄筋コンクリート造・地上5階
［延べ面積］3625.78㎡

「両国湯屋 江戸遊」は江戸東京博物館とすみだ北斎美術館の間、「北斎通り」に面した総合スパ施設だ。現施設は2019年、既存建物（1996年築）に増築棟を建設して延べ面積を2倍にし、一部既存の内装を残しながらリニューアルしたもの。設計したのは 久保秀朗氏と都島有美氏が共同主宰する久保都島建築設計事務所だ。葛飾北斎の世界観にインスピレーションを得てデザインしたという。

外から見て目を引くのは、縦長の正面を覆う白 鼠 色のアルミパネル。だれが見ても「のれん」を連想するだろう。小さな穴で描いた波の模様が涼しげだ。2階と4階のメインの風呂は、北斎の名画を壁に描き、天井を「漂う雲」のイメージでデザインした。雲形のくぼみには、照明や排気口を組み込んでいる。露天風呂でも雲形の穴から空が見え、ここだけの体験が味わえる。

4階女性湯。壁画は葛飾北斎の「赤富士」
（写真：ナカサアンドパートナーズ）

露天エリアの寝湯（月見の湯）（写真：ナカサアンドパートナーズ）

湯MEMO　4階には「湯work」と名付けられたエリアがある。これは既存建物の湯船を残してデザインしたワーキングスペース。旧サウナは小会議にも使える。リラックスしながら仕事ができるニュータイプのワーケーションだ。

都心の積層型温浴施設で魅力的な浴室空間をつくるのは難しい。そうした中でこの「両国湯屋江戸遊」はかなり頑張っている。

まず、正面外観がいい。ごちゃごちゃしたデザインにせず、大きな「のれん」の形にしたのがグッドアイデア。

のれんの模様は、葛飾北斎が好んだ江戸小紋柄。プリントではなく、金属に丸穴。

うまいっ！

既存

実は、東側だけが新築。改修前の写真を見ると、変わりようにびっくりする。

浴室は、天井の間接照明がいい！北斎の絵を延長したような雲形。

広くはないが、露天もある。個人的に寝湯がツボ。雲形の天窓（穴）がガラスに映り、屋内の雲と重なる。

雲が重なる…

これが狙いか

3

元印刷会社で巨大な桶に包まれる

神田ポートビル SaunaLab Kanda

外観。「神田ポートビル」という名前は、糸井重里氏の命名

2021年開業

［所在地］東京都千代田区神田錦町3-9
［交通］東京メトロ・神保町駅から徒歩5分
［日帰り入浴］可
［公式サイト］https://saunalab.jp/kanda/

［設計］飛島建設、藤本信行／バカンス（デザイン監修）、
　　　　須藤剛建築設計事務所（デザイン監修）
［施工］飛島建設
［構造・階数］鉄筋コンクリート造、地下1階・地上6階
［延べ面積］約2980㎡

　「神田ポートビル」は2021年、東京・神田錦町に誕生したニュータイプの複合施設。安田不動産が1964年竣工の印刷会社の旧社屋を買い取り、文化やウェルビーイングをテーマとしてリノベーションした。

　1階にはカフェ、ショップ、ギャラリーから成る「神田ポート」、2〜3階に「ほぼ日の學校」の教室スタジオ、4〜6階に印刷会社の精興社が入居。施設の目玉として、地下1階にフィンランド式サウナを体験できる「SaunaLab（サウナラボ）」を開設した。SaunaLabの運営者は名古屋市のウェルビーで、東京初進出となる。

　「OKE SAUNA（オケサウナ）」と「IKE SAUNA（イケサウナ）」の2つのゾーンがあり、OKEの方にはその名の通り桶の形をした木製のサウナ室がある。一方のIKEには、水盤が設けられたサウナ室。通常は、IKEが女性用でOKEが男性用。水曜限定で利用ゾーンが入れ替わる。

OKE SAUNA 内の「フォレストサウナ」（写真提供：ゆかい）

IKE SAUNA。薄暗い空間に水盤（写真提供：ゆかい）

湯MEMO 名古屋のSaunaLabでも人気の「アイスサウナ」が東京にも登場。マイナス25℃の冷気に体が包まれる感覚は新鮮。温度は低いが水風呂に入った瞬間のような強い刺激はないので、水風呂が苦手な人も試してみる価値あり。

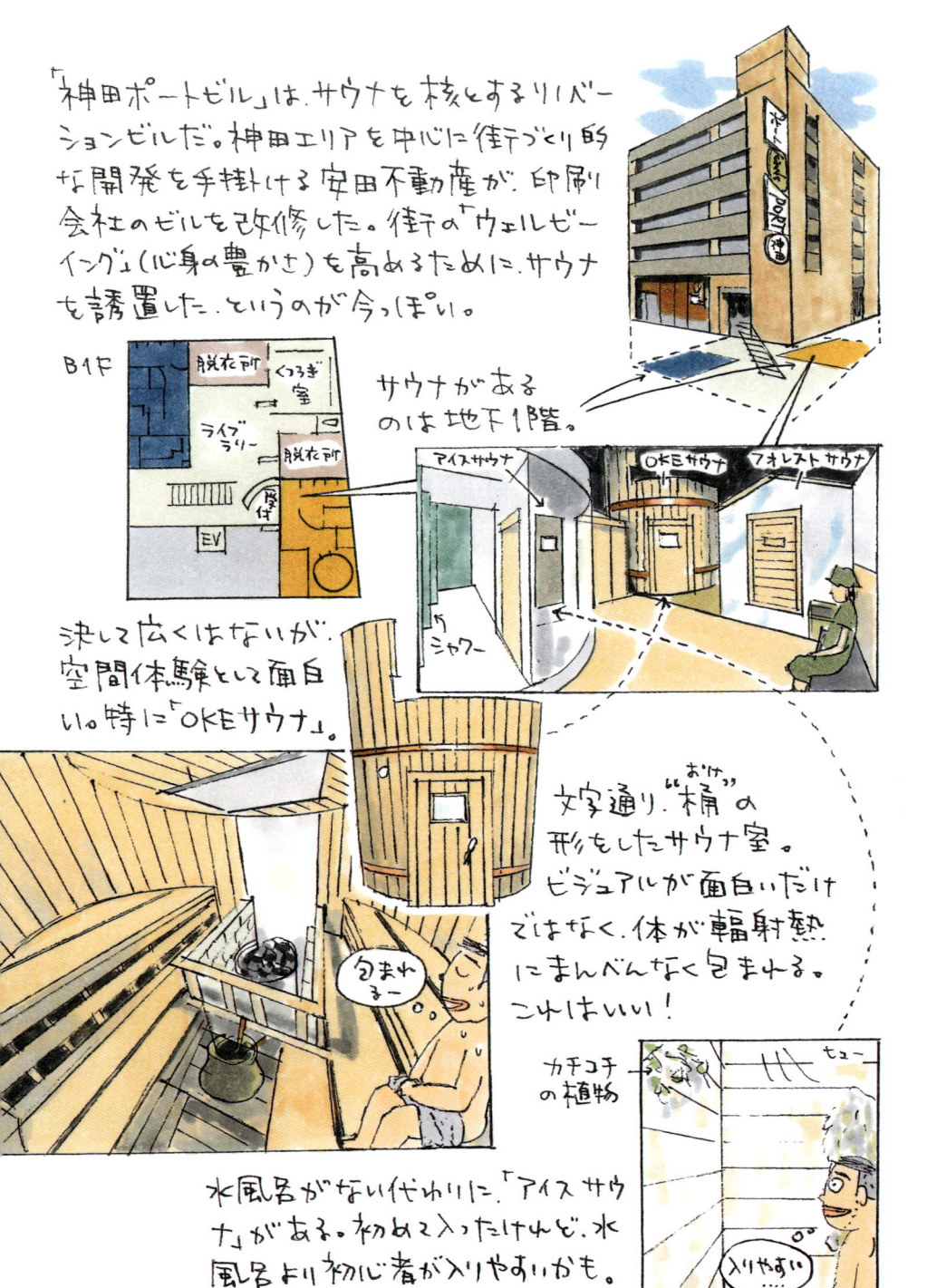

「神田ポートビル」は、サウナを核とするリノベーションビルだ。神田エリアを中心に街づくり的な開発を手掛ける安田不動産が、印刷会社のビルを改修した。街の「ウェルビーイング」(心身の豊かさ)を高めるために、サウナを誘致した、というのが今っぽい。

B1F

脱衣所／くつろぎ室／ライブラリー／脱衣所／受付／EV

サウナがあるのは地下1階。

アイスサウナ／OKEサウナ／フォレストサウナ／シャワー

決して広くはないが、空間体験として面白い。特に「OKEサウナ」。

文字通り、"桶"(おけ)の形をしたサウナ室。ビジュアルが面白いだけではなく、体が輻射熱にまんべんなく包まれる。これはいい!

包まれるー

カチコチの植物

セュー

水風呂がない代わりに、「アイスサウナ」がある。初めて入ったけど、水風呂より初心者が入りやすいかも。

入りやすい……

4

目と肌で「五色」を味わう

五色湯

外観。椎名町駅から近い
住宅街のビル型銭湯

1952年開業、現施設は2022年完成

[所在地] 東京都豊島区目白 5-21-4
[交通] 西武池袋線・椎名町駅から徒歩 3 分
[日帰り入浴] 可
[公式サイト] https://goshikiyu.jpn.com/

[設計] 今井健太郎建築設計事務所※
[施工] 太陽建設＋山崎鉄工所※
[構造・階数] 鉄筋コンクリート造、地下 1 階・地上 4 階
[改修面積] 274.1 ㎡※
※は 2022 年の改修

　「五色湯」は戦後間もない 1952 年、東京・椎名町に開業した。「五色」というネーミングは、江戸五色不動の 1 つである目白不動尊が近隣の金剛寺にまつられていることに由来するという。1966 年に現在のビル型銭湯に建て替わり、1980 年にもリニューアルを実施。そして、創業 70 周年となる 2022 年、40 年ぶりのリニューアルを"銭湯建築家"として注目される今井健太郎氏の設計で行った。

　改修のコンセプトは、金剛寺のご利益である「健康増進、病疫退散」にちなんで「湯治場銭湯」とした。5 つの設備（中温風呂、高温風呂、サウナ、水風呂、外気浴）を通して五色不動の根底である五行思想を楽しむ趣向だ。外気浴スペースは倉庫だった部分を利用して、空に向かって抜ける外部空間を新設した。全体が黒基調でシックにデザインされている。畳敷きの広い脱衣場も心地いい。

浴室の五色のガラス窓（写真提供：五色湯）

男湯の脱衣場（写真提供：五色湯）

湯MEMO　風呂のない家や賃貸アパートが多かった昭和の初代五色湯には、有名な「トキワ荘」の漫画家たちも通っていたという。五色湯から 15 分ほど西に歩くと、2020 年に開館した「トキワ荘マンガミュージアム」がある。

「五色湯」は東京・椎名町のマンション銭湯だ。
2022年春、"銭湯建築家"として人気の
今井健太郎の設計でリニューアルした。

浴室は、
黒と白と、少しの差し色。
周囲を建物に囲まれる
薄暗さを"大人なレトロ感"
　　　　　　に転じている。

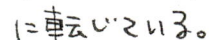

やりすぎない
"五色"のステ
ンドグラス。

男湯略図

水風呂の壁の
滝の絵がすごい！
と思ったら、これ
は改修前から
あったものを生か
したそう。ナイス！

倉庫だった部分を外気
浴に。囲まれ感がいい！

5

ペンキ絵のない木漏れ日の浴室

天然温泉 久松湯

美術館を思わせる現代的な外観

1956年開業、現施設は2014年完成

［所在地］東京都練馬区桜台4-32-15
［交通］西武池袋線・桜台駅から徒歩5分
［日帰り入浴］可
［公式サイト］https://www.hisamatsuyu.jp/

［設計］プラネットワークス
［施工］飛鳥建設
［構造・階数］鉄筋コンクリート造・地上3階（住宅部含む）
［延べ面積］949.75㎡（住宅部含む）

東京・練馬の老朽化した銭湯を2014年に建て替えた。オーナーは、地域のコミュニティーの場となる現代的な公衆浴場をつくりたいと考え、リゾート施設などに実績を持つプラネットワークスに設計を依頼した。杉 千春氏と高橋真奈美氏が共同主宰する設計事務所だ。

2人は、内部と外部が連続する"木漏れ日の中"のような入浴施設を目指した。銭湯の魅力を和風やペンキ絵といったアイコンで表現するのではなく、「壁や天井の境界の開口部のあり方、外部空間との関係といった空間的な体験で追求することを試みた」と説明する。天井高6mの浴室空間には、大小さまざまなトップライトから自然光が差し込む。中庭や露天風呂の緑が目に入り、自然に囲まれているような開放感がある。

建て替え後は客足がV字回復。平日も開店と同時に次々と入浴客が訪れる。

菱形の格子天井が印象的な浴室（写真提供：天然温泉 久松湯）

夜は男湯・女湯をまたぐ形でプロジェクション・マッピングを投影（写真提供：天然温泉 久松湯）

湯MEMO　建て替え時には、現代的な公衆浴場の姿を模索する一方で、お湯自体の魅力アップも目指して、温泉掘削に着手。地下1500mの深さで温泉を掘り当てた。露天風呂にはこの天然温泉を引いている。

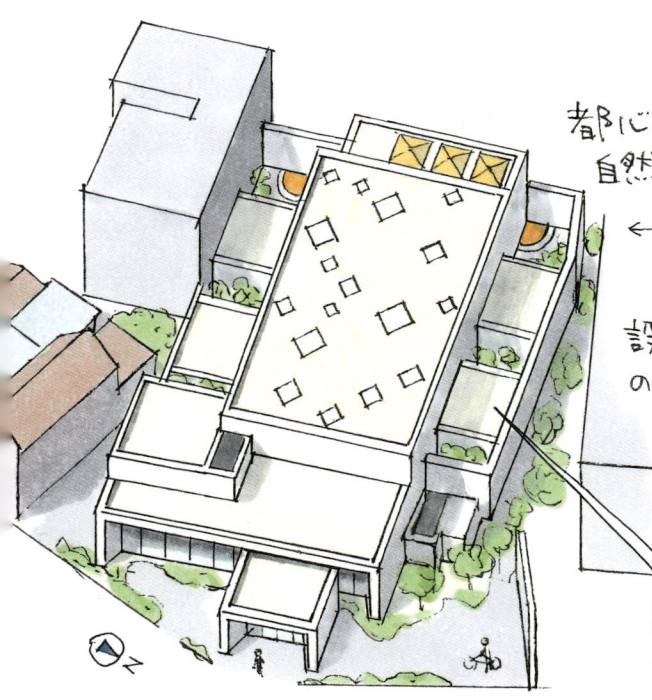

都心の住宅街で、こんなに自然光の入る銭湯は珍しい。

←上から見るとこんな形。建築家らしい平面だ。

設計者はプラネットワークスの杉干春と高橋真奈美。

まず、脱衣所が好印象。東西2方向の中庭から光が入る。

さわやか

洗い場では、中庭の木を眺めながらシャワーを浴びる。

浴槽エリアは天井がかっこいい！

女湯とつながる

あ、天使のはしご…

菱形の格子の所々にトップライトがあり、光が差し込む。

この銭湯は、明るいうちに行きたい。
（午前中も大盛況でした）

6

原宿のど真ん中で銭湯文化を継承

ハラカド 小杉湯原宿

ハラカドの外観。「小杉湯原宿」は、
1階「Dior」（2024年秋オープン予定）の
真下あたり（地下1階）にある

2024年開業

［所在地］東京都渋谷区神宮前6-31-21 東急プラザ原宿「ハラカド」地下1階「チカイチ」内
［交通］JR原宿駅から徒歩4分、東京メトロ・明治神宮前駅から徒歩1分
［日帰り入浴］可
［公式サイト］https://kosugiyu-harajuku.jp/

［設計］日建設計、平田晃久建築設計事務所（外装・屋上デザイン）、
　　　　T/H（小杉湯原宿）
［施工］清水建設、東急Re・デザイン（小杉湯原宿）
［構造・階数］鉄骨造・鉄筋コンクリート造・鉄骨鉄筋コンクリート造、地下3階・地上9階
［延べ面積］1万9893.74㎡

　2024年4月、表参道と明治通りが交差する神宮前交差点に東急プラザ原宿「ハラカド」がオープンした。ガラスの箱を破って緑が生え出たような特徴的な外観で、ラフォーレ原宿や東急プラザ表参道「オモカド」とともに、新たなランドマークとなっている。

　その地下1階に「小杉湯原宿」はある。「100年続く"街の銭湯"をつくる」を掲げる小杉湯（東京・高円寺、1933年創業）の2号店だ。小杉湯が、銭湯を含む地下の一角「チカイチ」をプロデュースした。

　チカイチと銭湯の設計は、樋口耕介氏と瀧 翠氏が共同主宰するT/Hが担当。浴室は男女ほぼ同じ大きさ・形で、高円寺の小杉湯を思わせる優しいデザイン。浴槽は3つあり、高円寺で愛され続ける「ミルク風呂」もある。

　利用料金は街の銭湯価格。銭湯文化が経済を回せることの証明を目指す。

「チカイチ」の畳スペース。コンセント付きのデスクがある。利用は無料

小杉湯原宿の受付（写真提供：小杉湯原宿）

湯MEMO

ハラカドのガラスの壁は、ゆで卵の殻をぱりぱりと割ったかのよう。ガラスを支える金属フレームが外に見えない「SSG構法」（Structural Sealant Glazing）を使っているからで、東急プラザ銀座（2016年）の進化形だ。

小杉湯原宿の浴室（写真提供：小杉湯原宿）

ハラカドをオモカドの屋上庭園から見る。ハラカドは5〜7階に屋上庭園が連続する

銭湯は斜陽産業ではなく、今や街づくりの注目コンテンツなのだ。そう感じずにいられないのが、この「小杉湯原宿」。2024年春にオープンした「ハラカド」にある。

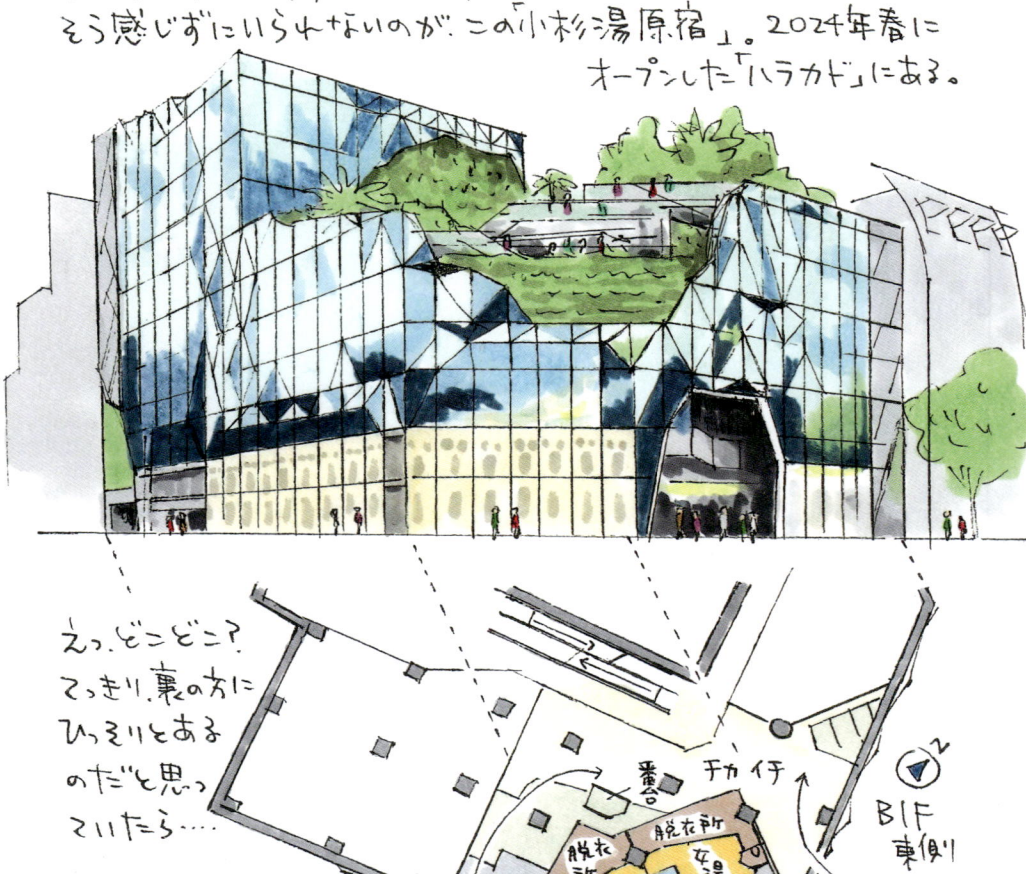

えっ、どこどこ？てっきり、裏の方にひっそりとあるのだと思っていたら…

メーンの入り口の真下にドーンとあって、びっくり。

番台　チカイチ

脱衣所　脱衣所
男湯　　女湯

B1F
東側

オープンなつくり…

◀ 「チカイチ」と名付けられた地下1階の共用部から見る。

壁がないので、入らなくても番台が見える。これは初心者にもハードルが低い。値段も普通の銭湯でびっくり。

浴室内は老舗の高円寺・小杉湯（本店）を思わせる、清潔感のあるデザイン。

はやりのサウナがない。男女浴室の上部がつながっている、など銭湯文化の継承への強い意志を感じる。が、押しつけがましさはない。

富士山の向こうは女湯。

丸い鏡って何だかホッコリする。

広々とした湯上がりスペースには、コンセントがあり、軽い仕事が可能。

地下では外気浴はできないけど、屋上に上れば、ここでしかできない、ぜいたくな"夕涼み"。

7

薄緑のタイルに包まれた日だまり

狛江湯

入り口の外観。いかにも長坂常氏らしいラフさ

1955 年開業、現施設は 2023 年完成

［所在地］東京都狛江市東和泉 1-12-6 長谷川ビル
［交通］小田急線・狛江駅から徒歩 3 分
［日帰り入浴］可
［公式サイト］https://www.komaeyu.com/

［設計］長坂 常／スキーマ建築計画
［施工］TANK
［構造・階数］鉄筋コンクリート造、地下 1 階・地上 3 階
［延べ面積］994.64㎡

　「狛江湯」は、先代オーナーが1955年に現在の場所に開いた狛江市内で最も古い銭湯だ。1992年にビル型銭湯に建て替えられた。2代目の現オーナーは、「未来に必要とされる銭湯とは何か」を考えつつリニューアルを計画。マルシェやイベントが定期的に行われ、リラックスして気分がちょっと上がる、日だまりのような場所になる──などを思い描き、スキーマ建築計画の長坂 常氏に設計を依頼した。長坂氏にとっては墨田区の「黄金湯」（32ページ）に続く、銭湯再生第2弾となる。

　浴室は、薄緑色のタイルで覆われ、確かに日だまりのよう。3種類のタイル（47mm角、97mm角、47×97mm角）をぴっちりと目地をそろえて貼っているので、モアレのような濃淡が生まれている。外気浴はないが、1人ひとりに方向を定めたスポットクーラーの内気浴スペースがあり、風が心地よい。

受付兼カフェバー「SIDE STAND」

内と外が連続する縁側のようなスペース（写真：Ju Yeon Lee）

湯MEMO　改修前には銭湯とは別の飲食店であった区画を銭湯の入り口とし、屋外と連続するたまり場を設けた。受付（番台）を兼ねたカフェバー「SIDE STAND」では、オーナーが厳選したクラフトビールなどが味わえる。

浴室のあつ湯。タイルで文字を浮かび上がらせる遊び心（写真：Ju Yeon Lee）

脱衣所。長坂 常氏らしい粋なカジュアル感（写真：Ju Yeon Lee）

この「狛江湯」は、本当は本書の最後に紹介したかった。なぜなら、奇をてらったところが全くないから。当たり前のことを丁寧に設計すれば、こんなに気持ちの良い浴室ができる。その見本。

いかにも長坂さん

←都心に多い"マンション銭湯"を2023年にリノベーションしたもの。

設計者は長坂常。「黄金湯」(2020年)に続く2作目。

JO NAGASAKA 1971—

外観を見ると、「黄金湯と同じ?」と思うが、こちらは浴室が進化している。

まず、全体のウグイス色がいい!柔らかくて、清潔感がある。そして、こんなに黄色のオケやイスが美しく見える浴室を見たことがない!

ちなみに、こういうのを「類似色相配色」と呼ぶ。

そして、このスッキリ感の根源は、精緻なタイル割りだと気づく。

← 排水溝 →

どこを見てもハンパなタイルがない！ ベースは47mm角と47×97mm角。

たまに97mm角の大判を入れて変化を生む。文字を浮かびあがらせる遊びも。

天井のパネル割りや、スポットクーラーとの統一感も見事。天井近くには既存の痕跡も。

男湯

脱衣所
コイン
ランドリー

サウナ

サウナ

女湯

脱衣所

番台

カフェ

土間

↑ 入り口

屋外の腰掛けが粋！

坂倉準三建築研究所「ホテル・ブルースカイ」（1969年）

建築専門誌『新建築』のバックナンバーをめくっていて、衝撃的な白黒写真に目が留まった。南紀白浜に1969年に建てられたリゾート施設、「ホテル・ブルースカイ」だ。設計は坂倉準三建築研究所。「箕面観光ホテル」（100ページ参照）の翌年に完成した。

まず、主要部分が透明であることに驚く。記事によると東西南北の各面が紫・ピンク・黄色・オレンジのプラスチック板であったという。さらに驚いたのが、大浴場の写真。洗い場が浴槽の中にあるのだ。理由は不明だがホテルはほどなく廃業。幻の湯けむり建築となった。

南紀白浜にあった「ホテル・ブルースカイ」。客室以外はほぼ透明な箱というアンビリーバブルな建築だった。

外観以上にアンビリーバブルなのが大浴場。平面図を見て！

洗い場　洗い場
男湯　女湯
洞窟

←当時の写真を見ると、浴槽の中に洗い場が…。まるで蓮の葉。

〈断面図〉

浴槽
洗い場

「ポジネガを逆にした」と設計者。すごい。誰か再現して!!

PART 2.

西へ、南へ

8

川辺との一体感を生むリノベの技

湯河原惣湯 惣湯テラス

旧足湯施設の建物をリノベーションしてダイニング棟とし（写真右）、浴場棟を木造で増築した（左）

2021年 開業

［所在地］神奈川県足柄下郡湯河原町宮上704（万葉公園内）
［交通］JR湯河原駅からバスで「落合橋」バス停下車（約10分）
［日帰り入浴］可
［公式サイト］https://yugawarasoyu.jp/soyu-terrace/

［設計］設計事務所岡昇平
［施工］小野建設
［構造・階数］鉄筋コンクリート造、地上2階
［延べ面積］638.2㎡

　「湯河原惣湯」の「惣湯テラス」があるのは、万葉公園の渓流と木々が生い茂る小道を抜けた先。中世、この土地は武士や村人の湯治場として利用されていた。一帯はやがて「湯河原温泉」と呼ばれるようになり、村人は河畔の共同湯坪を「村湯」「惣湯」と呼び、地域の共同湯として大切に管理したという。

　近年は足湯施設として利用されてきた場所を2021年、官民が連携して惣湯テラスに再生。設計は、自ら「仏生山温泉」（132ページ）の運営も行う設計事務所岡昇平が担当した。

　黒を基調とする建物は既存施設をリノベーションし、一部増築したもの。予約制で、源泉掛け流しの大小2つの温泉と、食事を楽しめる。大通りに面した「玄関テラス」からここに至る森の中には8カ所のテラスを整備。森を歩くのも楽しい。玄関テラスも旧観光会館の改修で、設計はアール・アイ・エー。

ダイニング棟のテラス。右奥が浴場棟

ダイニング棟2階のライブラリー

湯MEMO　玄関テラスの1階では、街歩きの楽しみ方や観光スポットを案内している。カフェでは本の貸し出しも。渓流沿いでコーヒーを飲みながら読んでも可。惣湯テラスの2階にもライブラリーがあるので、読書目的で訪れてもよさそう。

浴場棟の露天風呂。川に開き、上部の木製ルーバーから柔らかな光が差す（写真提供：湯河原惣湯）

浴場棟から屋外を数分歩いたところにある「奥の湯」。こちらは貸し切り利用（入り口での自己申告制）（写真提供：湯河原惣湯）

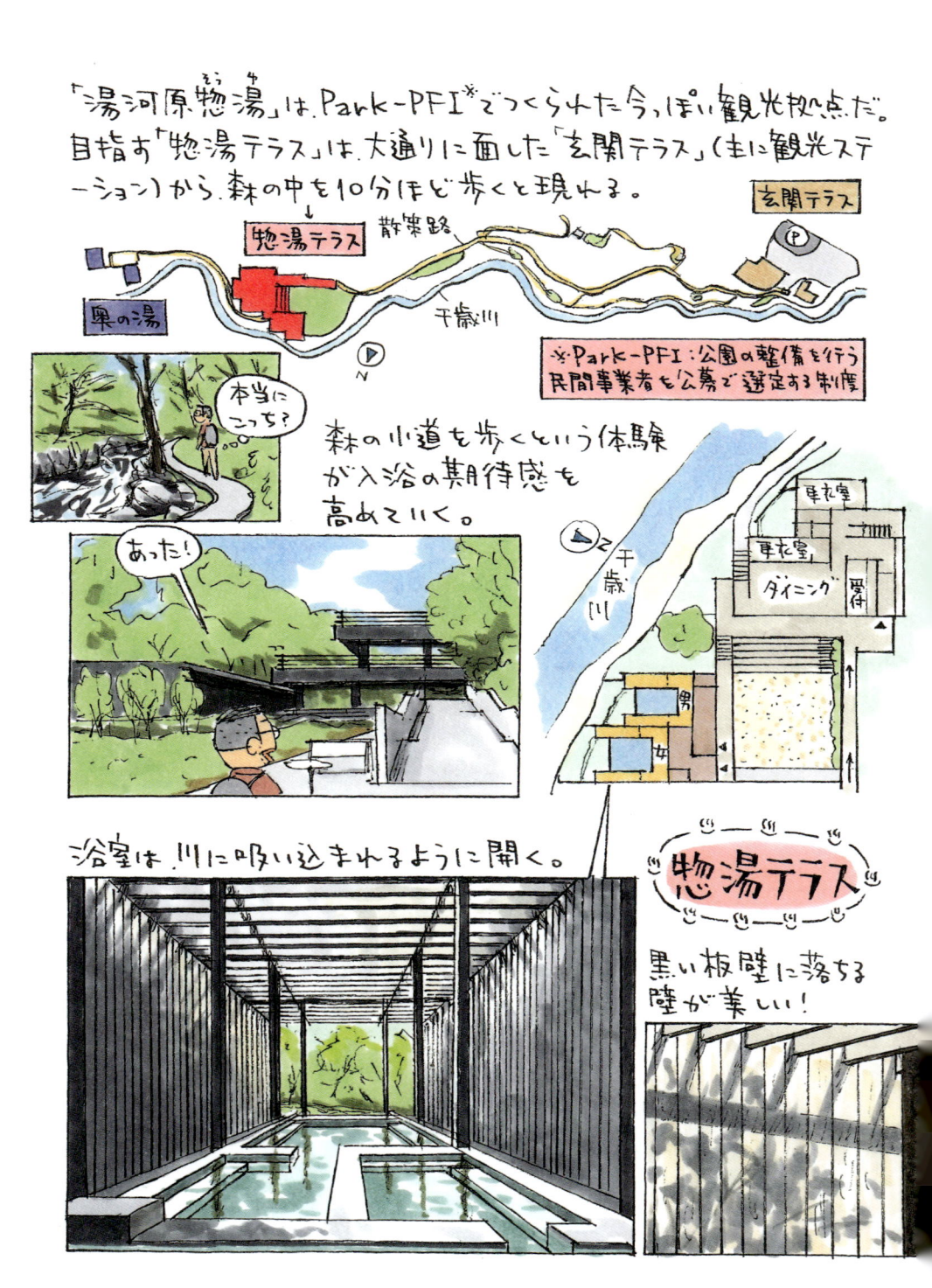

「湯河原惣湯」は、Park-PFI※でつくられた今っぽい観光拠点だ。目指す「惣湯テラス」は、大通りに面した「玄関テラス」(主に観光ステーション)から、森の中を10分ほど歩くと現れる。

玄関テラス

惣湯テラス　散策路

奥の湯

千歳川

※Park-PFI：公園の整備を行う民間事業者を公募で選定する制度

本当にこっち？

森の小道を歩くという体験が入浴の期待感を高めていく。

あった！

千歳川

更衣室

更衣室　受付

ダイニング

男

女

浴室は、川に吸い込まれるように開く。

惣湯テラス

黒い板壁に落ちる陰が美しい！

建物全体が今っぽい
オシャレ感に満ちている。

入浴後はテラスで
森林浴（アルコール可）

2階のブックコーナーも
びっくりなオシャレ感。↓

はうーっ

奥の
ラウンジ
川
女
男
総湯テラスへ

ここで終わりではない。いったん外に出て、さらに森を歩く。

また
外？
あった
奥の湯
奥の
ラウンジ

奥の湯

ほぼ1人用のぜいたくな露天風呂。入り口で紙に入室時間を書くのがローテクで面白い。

人を気にせずに入れるっていいな

小さいけど
インフィニティ

あとで知ったことだが、「湯河原惣湯」は既存施設の「改修＋増築」でできているという。今っぽい！言われないとわからないグッドリノベーション。

はうーっ

◀「奥のラウンジ」はかつて「蛍小屋」だった！

9

崖地を生かし荒海に突き出す

ホテルニューアカオ スパリウムニシキ

海面の上に立つオーシャン・ウイング。
アンビリーバブルなロケーション

1973年開業、スパリウムニシキは2018年完成

［所在地］静岡県熱海市熱海1993-250
［交通］JR熱海駅から無料送迎バスで約10分
［日帰り入浴］可
［公式サイト］https://hotel-new-akao.com/hot_spring/

［設計］稲葉長司設計事務所（現オーシャン・ウイング）、
　　　　石井建築事務所（スパリウムニシキ増築棟）
［施工］清水建設（現オーシャン・ウイング）、石井工務店（スパリウムニシキ増築棟）
［構造・階数］鉄筋コンクリート造および鉄骨造・地上2階（スパリウムニシキ増築棟）
［延べ面積］1079.88 ㎡（スパリウムニシキ増築棟）

　JR熱海駅から車で約10分、景勝地「錦ヶ浦」の先端に、ホテルニューアカオは1973年に開業した。現在の「オーシャン・ウイング」と呼ばれる部分で、設計したのは稲葉長司設計事務所。その後、南西の崖の上に「ロイヤルウイング」（現ホライゾン・ウイング）が1994年に開業。さらに大浴場棟である「スパリウムニシキ」が石井建築事務所の設計で2018年に完成。大きくはこの3施設で構成される。

　コロナ禍の影響もあり、現オーシャン・ウイングは一時、営業を終了。日本各地でホテルを展開するマイステイズ・ホテル・マネジメントに運営が引き継がれ、2023年7月にオーシャン・ウイングも営業を再開した。

　温泉は「スパリウムニシキ」のほか、ホライゾン・ウイング3階に大浴場「彩海」、オーシャン・ウイング足元の海際に露天風呂「波音」がある。

右上がホライゾン・ウイング、その下の海に突き出すような建物がスパリウムニシキ

扇を開いたような梁が特徴的なメインダイニング錦。窓の外を見ると波しぶき（写真提供：ホテルニューアカオ）

湯MEMO　1978年に完成した「メインダイニング錦」も岸壁と一体化したような空間が圧巻。設計はオーシャン・ウイングと同じく稲葉長司設計事務所。日帰り利用でここも見たい人は、「ランチ付日帰り入浴」がお薦め。

スパリウムニシキの西側の露天風呂。立地を生かしたインフィニティ浴槽（写真提供：ホテルニューアカオ）

スパリウムニシキの東側の露天風呂。こちらは浴槽が棚田状（写真提供：ホテルニューアカオ）

SNSの書き込みを見ると、若い人たちが「エモい」を連発している。
その言葉を使い慣れない昭和世代も、「エモい」と言いたくなる…。

まずは、2018年に完成した「スパリウム ニシキ」（設計:石井建築事務所）へ。西側の浴室には、海との一体感が満喫できる露天風呂。

ホライゾン・ウイング（旧ロイヤルウイング）（1994）

オーシャン・ウイング（1973）

エモいのは浴室だけではない。1973年完成のオーシャン・ウイング（設計：稲葉長司）は海の真上！

ニューアカオ

メインダイニング錦（1978）

上部のデザインがオスカー・ニーマイヤー※みたいでエモい。

※ブラジルを代表する建築家（1907-2012 年）

1958

アカオ

地形と一体化した「メインダイニング錦」（1978年）も必見。中に入ると目が点。躍動感あふれる架構は松井源吾※による。

※日本を代表する構造家（1920-1996 年）

梁が曲線！

10

海の景色を極めた「露天立ち湯」

オーシャンスパ Fuua（フーア）

オーシャンスパ Fuua の入り口

2019年 開業

［所在地］静岡県熱海市和田浜南町10-1
［交通］JR熱海駅から無料送迎シャトルバスで約10分
［日帰り入浴］可
［公式サイト］https://www.atamibayresort.com/fuua/

［設計］竹中工務店
［施工］竹中工務店
［構造・階数］鉄骨造・地上8階
［延べ面積］約3300㎡

オーシャンスパ Fuua（フーア）は、熱海後楽園ホテルを中心とする複合型リゾート「ATAMI BAY RESORT KORAKUEN」内に2019年3月に開業した。市街地の夜景や花火大会が望める絶好の立地を生かし、熱海のさらなる活性化を目指して新設された日帰り温泉施設だ。設計・施工は竹中工務店が担当した。

目玉は男女スパそれぞれにある露天立ち湯。全長約25mを誇る日本最大級の露天立ち湯では、まるで海に浮かんでいるような感覚を味わえる。立ち湯の深さは1.1m。海へのインフィニティ感を生み出すため、海側の笠木（浴槽の縁）は奥行き約80㎝の大きな1枚石を使い、余計なものが見えないようにした。

大浴場の下の階には、海辺の別荘ライフをテーマにしたリラックスラウンジ「アタミリビング」があり、日帰り利用でも1日ゆったりと過ごせる。

7階女性スパの露天立ち湯
（写真提供：オーシャンスパ Fuua）

女性スパの眺望内湯（写真提供：オーシャンスパ Fuua）

湯MEMO　オーシャンスパ Fuua と隣接する食事・ショッピングスポットの「IZU-ICHI」には、人気の高い「熱海プリン」のテイクアウト専門店「渚の熱海プリン」がある。レトロな瓶にカバのロゴの熱海プリンは、お土産にするときっと喜ばれる。

いろいろ感心。これは"海を望む大浴場"の先頭走者かも。
熱海後楽園ホテルに併設される形で2019年に
開業した"Fuua"。設計・施工：竹中工務店。
目玉の露天風呂は「立ち湯」だ。WHY？
　　　　入ってみて納得。

すごい
連続感

① 浴槽自体が深いので、
　視線を遮る柵がない。
② 海側の縁が厚く、あふれ
　た湯の受け部が見えない。
③ 海から見えるのは顔だけ。

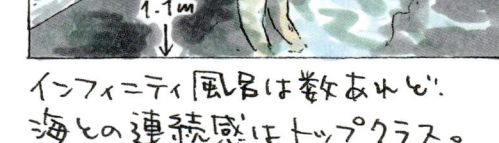

下が
見えない

0.81m

1.1m

インフィニティ風呂は数あれど、
海との連続感はトップクラス。

腰掛けて入ることも
できるので、ご安心を。

内湯も、露天を挟んで
海との一体感がある。
熱海の花火がここから
見えるとのこと。最強…。

11

森に溶け込む分棟のモダン温泉

星野温泉 トンボの湯

外観。この日は屋外でピアノコンサートが行われていた

2002年開業

［所在地］長野県北佐久郡軽井沢町長倉 2148
［交通］しなの鉄道・中軽井沢駅から徒歩 17 分、JR 軽井沢駅からタクシーで約 15 分
［日帰り入浴］可
［公式サイト］https://www.hoshino-area.jp/tombo-no-yu/

［設計］東 環境・建築研究所／東 利恵（建築）、
　　　　オンサイト計画設計事務所（ランドスケープ）
［施工］大林組
［構造・階数］鉄筋コンクリート造、地上 1 階
［延べ面積］983.13㎡

星野温泉は 1915 年の開湯以来、軽井沢の名湯として愛され、北原白秋や与謝野晶子など多くの文化人も漬かった。「星野温泉 トンボの湯」は、かつて「太陽の湯」「せせらぎの湯」という名だった共同浴場を、2002 年にリニューアルしたもの。設計を担当したのは一連の「星のや」のホテル建築を手掛ける建築家の東 利恵氏だ（208 ページにインタビューを掲載）。

それまでの温浴施設は大きな箱型の建物が多かったが、ここでは女性棟と男性棟を分け、屋根も小さく分けて連なって見えるようにした。女性棟と男性棟の間には水路のある柱廊のアプローチを設け、その奥の森や池と景色をつないだ。この柱廊は、温泉街の街道を意識したものという。

露天風呂の石組みは、イサム・ノグチの石の彫刻制作を 20 年以上にわたって支えた石彫家の和泉正敏氏（1938〜2021 年）による。

男性棟（左）と女性棟の間にある柱廊のアプローチ

国設「野鳥の森」の湧水を引いた水風呂（写真提供：星野リゾート）

湯MEMO　隣接する「村民食堂」も東 利恵氏の設計で同じ 2002 年にできたもの。北に数分歩いたところにある「ハルニレテラス」（2009 年）も東氏の設計。いずれもランドスケープ設計は、オンサイト計画設計事務所との協働。

64

内湯。秋は紅葉のグラデーションに（写真提供：星野リゾート）

雪景色の露天風呂（写真提供：星野リゾート）

「いつか湯けむり建築の本をつくろう」と思ったきっかけがここ。
2002年にリニューアルオープンした「星野温泉 トンボの湯」だ。
それまでに体験したことのないモダンかつ開放的な温浴施設。

シンメトリーな外観が
ジャパニーズ・モダニズム！

N

もみの木
広場

男女の棟を分け
る細い水路は、
ルイス・カーンが設計した
ソーク研究所（1966年、
アメリカ）を思わせる。

※米国を代表する建築家 (1901-1974)

まずは内湯へ。

おお・・
大開口！

筆者は、浴槽と池のキワが好き。春〜秋には窓が開け放たれ、屋内でも屋外のよう。

内湯だけでも十分な満足感だが、ここで帰るなかれ。いざ露天風呂へ。

（地図内ラベル）受付 / N / 水路 / 更衣室 / 更衣室 / 男子浴室 / 出入口 / 出入口 / 女子浴室 / 浴槽 / 浴槽 / 浴槽 / 池 / 露天風呂 / サウナ / 露天風呂 / トンボの池

広っ！温泉部分が池と連続して見えるため、自然の温泉のよう。

ここでも、浴槽と池のキワが好き。

←池

設計者の東利恵に拍手を送りたい。ブラボー！ RIE AZUMA 1959-

女性が設計した温浴施設、もっと増えるといいなぁ。

12

300mの曲線を浴室から愛でる

大田区休養村とうぶ

入り口側（道路側）の外観

1998年 開業

［所在地］長野県東御市和 6733-1
［交通］JR上田駅から送迎バス（予約制）で約30分
［日帰り入浴］可
［公式サイト］https://recreationvillage-tobu.com/

［設計］伊東豊雄建築設計事務所
［施工］鹿島・冨士工・北信・河津建設 JV
［構造・階数］鉄骨造・鉄筋コンクリート造、地下 1 階・地上 2 階
［延べ面積］9419.17㎡

　浅間山のふもと、長野県東御市にある保養・宿泊施設。東京都大田区が所有する施設だが、大田区民でなくても利用できる。「とうぶ」の名は「旧東部町」に由来する。プロポーザル（提案競技）で選ばれた伊東豊雄氏の設計で1998年に完成した。

　ブーメランのような形の建物は、広場側で300m、道路側で364mの長さがある。1990年代後半の伊東氏は、建築とランドスケープの融合を重視しており、その時代の代表作ともいえる。細長い内部空間や、ゆったりとした芝生広場を体験するだけでも来る価値がある。

　大浴場はブーメランの北端の4階にある（敷地が傾斜しているため法規上は2階）。浴室内はすっきりしたデザインながら、浴槽から見える景色は施設内随一。伊東氏がここを重視して設計したことが伝わる。大浴場は日帰り入浴も可能。

300m 続く建物の北端（写真左端）に大浴場がある。その北側には 2 棟の古民家

緩やかなカーブを描いて続く内部空間

湯MEMO　大浴場のやや黄色味を帯びた湯は天然温泉だ（ナトリウム－塩化物・炭酸水素塩泉）。窓からの景色は新緑や紅葉が美しいのはもちろん、冬は「おどろくほど白い雪景色」（公式サイトより）とのこと。確かにそうかも。

大浴場（写真提供：大田区休養村とうぶ）

芝生の庭の中央にある「太陽の広場」

「大田区休養村とうぶ」という名前から、大田区民（東京）しか利用できないと思われがちなこの施設。

実は、誰でも宿泊できる。日帰り入浴も可能だ。

設計者は伊東豊雄。伊東が建築とランドスケープの融合に力を入れていた50代半ばの建築だ。

TOYO ITO
1941-
世界の伊東！

こんなブーメランみたいな平面。全長300m超。

芝生の庭のまん中には「太陽の広場」。そこに立つと、自分が宇宙とつながっているように感じる。

祈りたくなる

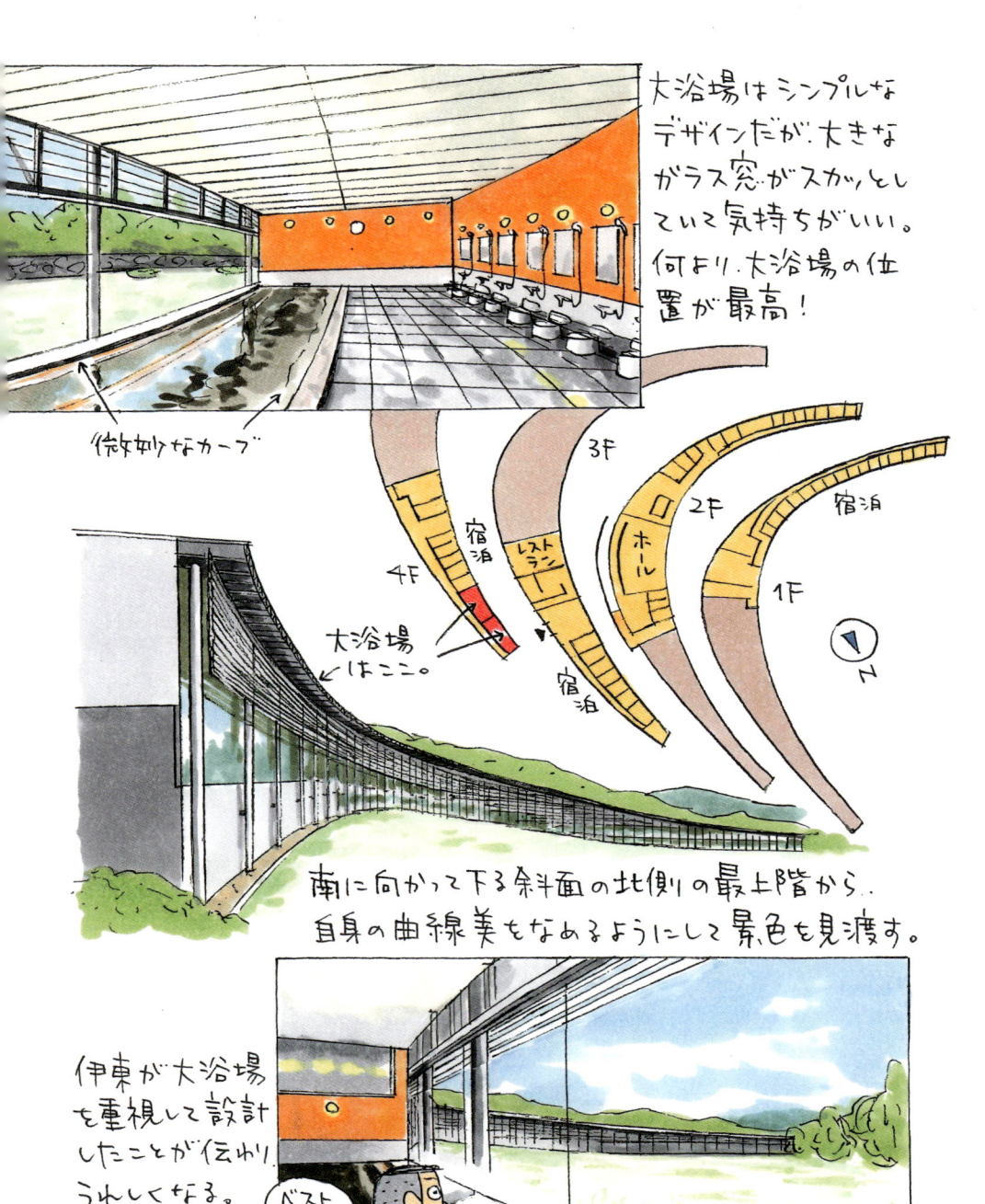

大浴場はシンプルなデザインだが、大きなガラス窓がスカッとしていて気持ちがいい。何より、大浴場の位置が最高！

微妙なカーブ

4F　宿泊

大浴場はここ。

3F　レストラン

宿泊

2F　ホール　宿泊

1F

N

南に向かって下る斜面の北側の最上階から、自身の曲線美をなめるようにして景色を見渡す。

伊東が大浴場を重視して設計したことが伝わりうれしくなる。ここには、明るいうちに入ろう！

ベストアングル

13

漂う風格は建築家親子の共作

山田温泉 大湯

外観。特徴的な唐破風は原型設計者の息子の宮本忠長が1989年に加えたもの

元の施設は1946年開業、現施設は1989年完成

［所在地］長野県上高井郡高山村山田温泉3580
［交通］須坂長野東ICもしくは小布施スマートICから車で約30分
［日帰り入浴］可
［公式サイト］https://www.vill.takayama.nagano.jp/docs/6952083.html（高山村）

［設計］宮本忠長建築設計事務所
［施工］マツナガ・樋澤建設共同企業体
［構造・階数］木造・一部鉄筋コンクリート造、地下1階・地上1階
［延べ面積］250.62㎡

　長野県・高山村にある共同浴場。もともとは戦後すぐの1946年、長野県の建築家、宮本茂次の設計で「山田温泉大湯公衆浴場」として完成した。それから約40年後、息子で長野を代表する建築家となった宮本忠長（1927〜2016年）の設計により、大規模に改修され、現在の形になった。

　柱梁はほとんど損傷がなかったため、曳き家（建物を持ち上げてレールで移動すること）を行い、地階に昇温ボイラーなどを設置。1階には既存浴室を囲むように脱衣所と受付を設け、玄関屋根は湯屋らしい唐破風に変更。仕上げ材は長野県産のヒノキやマツを多用した。

　浴室はほぼ既存のままだが、劣化の早い金具を使用せず、ヒノキを加工した湯出し口を設置し、ノスタルジックな雰囲気を演出した。現在は加温していないため、地階のボイラーは撤去された。

浴室内。既存の浴室を生かした。浴槽が低い

ヒノキの板を自分で上げ下げする湯出し口

湯MEMO

同じ高山村にある「蕨温泉ふれあいの湯」（1988年）も宮本忠長の設計。こちらは新築で、外の景色を楽しむつくり。同氏の建築が多い小布施町も高山村から車で20分ほどなので、入浴を絡めて宮本建築巡りはいかが？

長野県の山深く、山田温泉郷にある「大湯」。
江戸時代に建てられたかのような風格
だが、今の姿になったのは平成。

設計したのは、長野を代表す
る建築家、宮本忠長（1927-
2016）。父、宮本茂次の設計
で、1946年に建てられた旧・
大湯を大改修した。

浴室は天井の中央が吹き抜
けていて、開放感大。浴槽
が洗い場とほぼ同一面
なのも今っぽくてカッコイイ。

意外に
現代的…

洗い場の湯出し口
にもグッときた。

水栓金具はなく、桧板（ひのき）
を自分で上げ下げして
お湯を出す。これを見
ただけでも来た甲斐あり。

14

照明で浮き立つひょうたん浴槽

東急ステイ飛騨高山 結の湯

東側外観。右方向にJR高山駅（デザイン監修：内藤 廣）がある

2020年開業

[所在地] 岐阜県高山市花里町4-301
[交通] JR高山駅より徒歩約2分
[日帰り入浴] 不可
[公式サイト] https://www.tokyustay.co.jp/hotel/HTM/

[設計] 東急設計コンサルタント（基本設計）、大和ハウス工業（実施設計）、
橋本夕紀夫デザインスタジオ（インテリアデザイン）
[施工] 大和ハウス工業
[構造・階数] 鉄骨造、地上9階
[延べ面積] 9399㎡

「東急ステイ飛騨高山 結の湯」は、JR高山駅から徒歩約2分の好立地に2020年4月にオープンした。「旅人と飛騨高山がつながるホテル」をコンセプトとした観光型の東急ステイ。インテリアデザインを橋本夕紀夫氏（1962～2022年）が担当。「Fusion高山」をコンセプトに、飛騨春慶（琥珀色の漆器）や手すき和紙など、地域の伝統工芸と現代的な感覚の融合を試みた。特にロビー、レセプション、カフェが一体となった1～2階の吹き抜けは、古民家を思わせる木の立体格子が印象的だ。

2階にはヒノキと石造りの2つの庭園温泉大浴場がある（男女入れ替え制）。ヒノキの湯は地元の美濃石をくりぬいたかけ湯がシンボル。一方、石造りの湯は、ひょうたんをモチーフにしたモダンなイメージでデザインした。さらに、最上階の9階には3つの貸切露天風呂と足湯がある。足湯はぜひ体験を。

大浴場の1つ「檜の湯」（写真提供：東急ステイ飛騨高山 結の湯）

大浴場の手前にある休憩スペース。壁の左官アートが美しい

湯MEMO

2階の大浴場を利用する際、手前の休憩スペースにも立ち寄りたい。目を引くのが白と黒の絵画のような壁。これは日本を代表する左官職人、挟土秀平氏による「雪どけ」。地元の土を使ったダイナミックな左官アートだ。

著名なインテリアデザイナーが手掛けた大浴場は意外に少ない。「東急ステイ飛騨高山」は橋本夕紀夫のデザインと聞き、泊まってみた。

おお、
ひょうたん

「ひょうたんの湯」は石造りの浴槽が内湯と外湯をつなぐ。間接照明で曲線を強調するのがインテリアデザイナーらしい。

YUKIO
HASHIMOTO
1962-2022

橋本は生前、大の温泉好きだったという。

なので、王道のヒノキ風呂、「檜の湯」も。
（入れ替え制）

最上階の足湯がすごくよかった。遠くを見渡す足湯って、瞑想空間のよう。はやるかも。

無になる…

15

美術館の名手による絵画的ビュー

加賀片山津温泉 総湯（そうゆ）

西側の外観。温泉街の中心部から来た人はこちらから入る

2012年 開業

［所在地］石川県加賀市片山津温泉乙65-2
［交通］JR加賀温泉駅からバス（温泉片山津線）で
　　　　「加賀片山津温泉街湯」下車徒歩1分
［日帰り入浴］可　　［公式サイト］https://sou-yu.net/

［設計］谷口建築設計研究所
［施工］熊谷組・ダイド建設JV
［構造・階数］鉄筋コンクリート造・鉄骨造、地下2階・地上2階
［延べ面積］1079.69㎡

　片山津温泉は、江戸時代に柴山潟の湖底で湯源が発見された。明治期に埋め立て工事が行われ、ようやく人々が温泉入浴できるようになると、周辺は温泉街として発展した。

　しかし1990年代半ばから宿泊客が減少。加賀市は温泉街の中心にある廃業旅館の跡地を整備し、新しい総湯（共同浴場）によって再生を目指すことになった。設計を託されたのは建築家の谷口吉生氏。ニューヨーク近代美術館（MoMA）の増築なども担当し、"美術館の名手"として世界的に評価される建築家だ。

　ガラスを多用した透明感のある外観は温浴施設には見えない。しかし、考え抜かれた浴室のデザインには風呂好きも納得するだろう。柴山潟側の「潟の湯」と、後方の森に面した「森の湯」。どちらも、横長に切り取られた風景が絵画作品のようだ。洗い場の削ぎ落とされたデザインにも注目。

「森の湯」（写真提供：加賀片山津温泉 総湯）

2階のカフェ。ガラス面は、サッシを兼ねた無垢の鉄骨柱で支えている（写真提供：加賀片山津温泉 総湯）

湯MEMO　総湯の計画とは別に、石川県が進める柴山潟の護岸工事の計画があった。設計者の谷口氏は両計画を結び付け、護岸の上部を歩く遊歩道を提案。総湯開館の約10年後に、総湯から柴山潟湖畔公園まで約1kmの湖畔路が完成した。

「潟の湯」。柴山潟の水面と浴槽の水面が連続して見える（写真提供：加賀片山津温泉 総湯）

北側から見る。湖畔路を歩いて柴山潟の側（東側）から入ることもできる

柴山潟のほとりに立つ「加賀片山津温泉 総湯」。このガラスの透明感は、建築好きならばピンとくるだろう。そう、設計者は谷口吉生。

YOSHIO
TANIGUCHI
1937〜

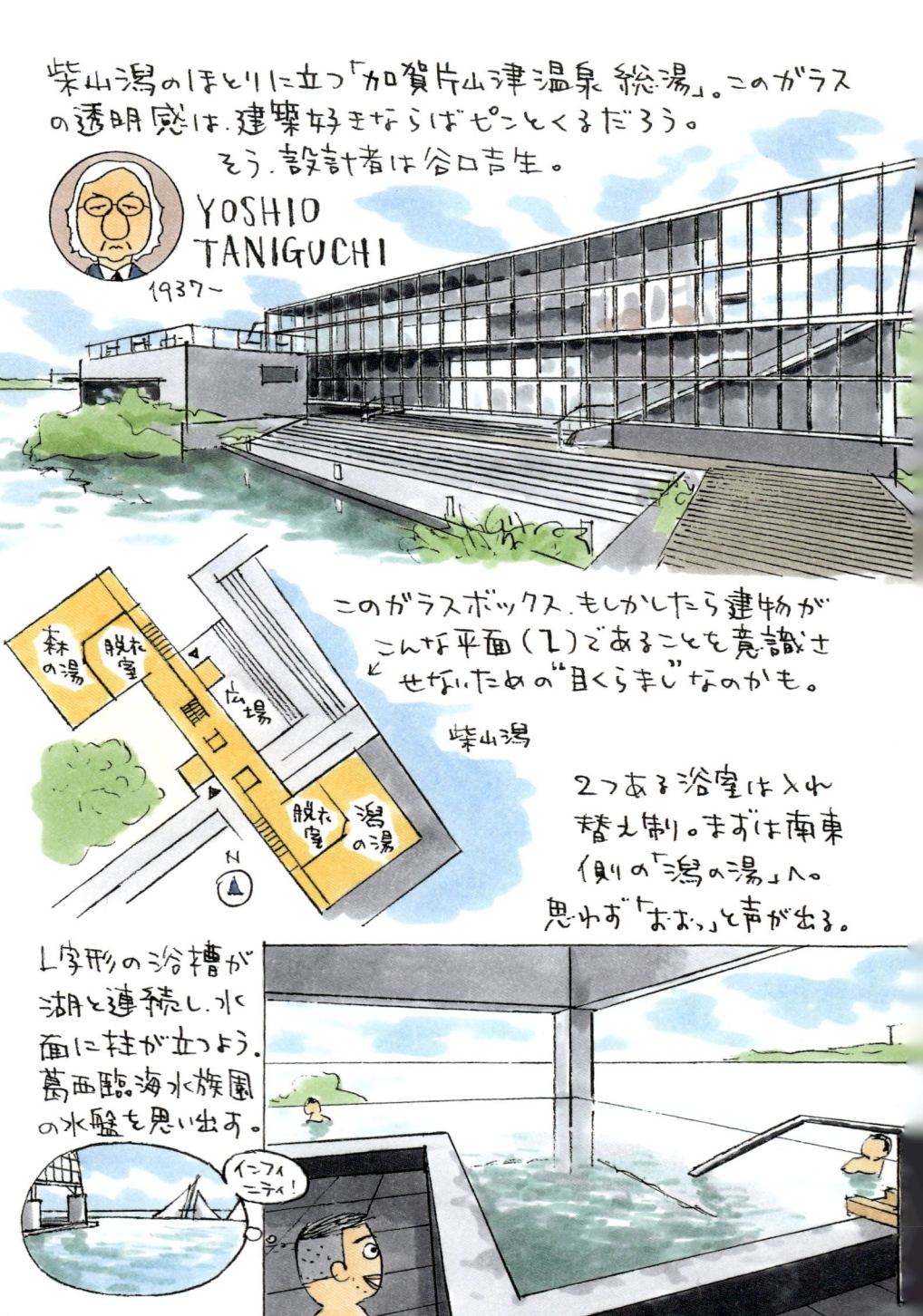

このガラスボックス、もしかしたら建物がこんな平面（L）であることを意識させせないための"目くらまし"なのかも。

柴山潟

森の湯
脱衣室
広場
脱衣室
潟の湯

N

2つある浴室は入れ替え制。まずは南東側の「潟の湯」へ。思わず"おおっ"と声が出る。

L字形の浴槽が湖と連続し、水面に柱が立つよう。葛西臨海水族園の水盤を思い出す。

インフィニティ！

コーナー部の窓が印象的に見えるのは、脱衣室の出
入り口が窓と対角の位置にあるからだろう。

まず、窓
に目が行く。

もう1つの浴室「森の湯」も負けてはいない。 ※偶数日・奇数日での男女入れ替え制

足を踏み入れ
たときの緑の
印象が鮮烈。
個人的にはむ
しろこっちの方が
好き。

すごい
緑感

森の湯

浴槽もよく考えられている。

水面の下に浴槽
の仕切りを隠す。

頭をのせるのに
ちょうどいい！

洗い場も
シンプルで
かっこいい。

建築家の方は必見！

温泉街の再生を担う復元木造風呂

山代温泉 古総湯（こそうゆ）

外観。「湯の曲輪」と呼ばれる四角い広場の中心に立つ。どの方向から見ても正面

2010年開業

［所在地］石川県加賀市山代温泉 18-128
［交通］JR 加賀温泉駅から加賀周遊バス（キャン・バス）で
　　　　「山代温泉総湯・古総湯」下車
［日帰り入浴］可　［公式サイト］https://yamashiro-spa.or.jp/spa/

［設計］文化財保存計画協会
［施工］シモアラ
［構造・階数］木造、地上 2 階
［延べ面積］287.35㎡

　山代温泉は1300年の歴史を持つ北陸最大級の温泉街だ。しかしバブル崩壊後の落ち込みは激しく、旅館の廃業が相次いだ。建築家の内藤 廣氏は、温泉街の中心部を再生する町ぐるみのプロジェクトに10年以上関わってきた。

　長い議論の末に生まれたのが「古総湯」。老朽化した鉄筋コンクリート造の総湯を明治期の木造に戻したもの。総湯は江戸時代から町の中心にあり、「湯の曲輪（がわ）」と呼ばれる広場の周りにぐるりと旅館が立ち並んでいた。既存の総湯を、入浴しながら温泉の歴史や文化が楽しめる"体験型温泉博物館"に建て替えることが決定。同時に新たな共同浴場も建設することになった。内藤氏は新総湯の設計を担当。復元する古総湯の設計は、内藤氏が助言しつつ文化財保存計画協会が進め、2010年にオープンした。2階の休憩所や、浴室の床、壁の九谷焼のタイルも当時のまま復元された。

脱衣所から浴室を見る。腰の高さほどの壁で仕切られているだけで、ほとんど丸見え

2 階の休憩室。入浴後はここでゆっくりしよう

湯MEMO
古総湯には脱衣所と浴室を仕切る高い壁がない。浴室に入っても、カランやシャワーがない。これは「湯あみ」という、温泉に漬かって楽しむだけの当時の入浴方法を再現したもの。先に新総湯に入って体を洗うのがお薦め。

浴室。1 階のステンドグラスと上部のハイサイドライトから光が入る

温泉街再生の一環として共同浴場を建て替えるケースが増えている。この「山代温泉総湯」は、その中でもかなりユニークなプロジェクトだ。

古総湯

街の主役

明治期

竣工は2010年。デザインは明治期にあった総湯の復刻だ。

湯の曲輪（がわ）

建物が立つのは、ラウンドアバウト（環状交差点）の中心。「湯の曲輪」と呼ばれるかつての街区を再生したもので、内藤廣が参加した「まちづくり塾」が建設のきっかけになった。

HIROSHI
NAITO
1950 −

浴室はノスタルジックかつモダン。がっつり木造あらわしかと思ったら、スッキリな板張り（拭きうるし）だった。

最上部のハイサイドライトの光で、天井が浮いて見える。

ステンドグラスが浴槽に映り込み、効果倍増!

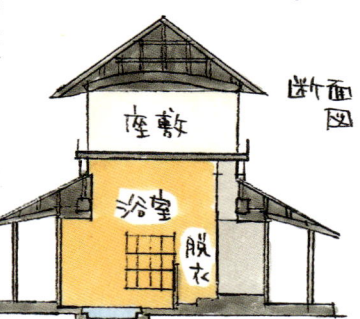

断面図

座敷

浴室

脱衣

ここが脱衣所で、いきなり浴室。

あっ、床が九谷焼き。

入浴後は2階の座敷でゆったりしよう。

トリコロール

古総湯と同時に建設された新・総湯も要チェック!
（次ページでリポートします）

17

脇役の外観の中に意外な開放感

山代温泉 総湯（そうゆ）

外観。左に見える門はここにあった老舗旅館の門を活用

2009年開業

［所在地］石川県加賀市山代温泉万松園通2-1
［交通］JR加賀温泉駅から加賀周遊バス（キャン・バス）で
　　　　「山代温泉総湯・古総湯」下車
［日帰り入浴］可　［公式サイト］https://yamashiro-spa.or.jp/spa/

［設計］内藤廣建築設計事務所
［施工］日樽工業
［構造・階数］鉄骨鉄筋コンクリート造・木造、地下1階・地上2階
［延べ面積］1186.69㎡

前項で紹介した「山代温泉 古総湯」と対になる形で生まれた新「総湯」。町づくりに長く関わってきた内藤 廣氏が自ら設計した。

内藤氏は設計に当たって、「古総湯が主役、新総湯は脇役」というコンセプトを定めた。敷地は古総湯と向かい合う老舗旅館「旧吉野屋旅館」の跡地。歴史を感じさせる吉野屋の門を活用。かつての旅館の外観を踏襲しつつも、「湯の曲輪（わ）」に対して目立ちすぎることを抑えた。屋根の割り方や瓦の色などに気を使った。外壁は石川県産のスギ張りで、景観になじむように屋上のタンクも木材で囲った。

抑え過ぎとも思える外観とは一転、浴室には天窓と庭から自然光が入り、意外な開放感。床は地元産の石張り。壁面は九谷焼のタイルやヒノキの板張りと、ぜいたくな仕上げ。浴槽のお湯は加水なしの100％源泉。清潔感もあり、高級旅館気分を味わえる。

男湯（写真提供：山代温泉旅館協同組合）

女湯（写真提供：山代温泉旅館協同組合）

湯MEMO　内藤 廣氏の建築が好きな人は、ここから徒歩10分ほどの「九谷焼窯跡展示館」（2002年）もぜひ訪れたい。国指定史跡である九谷磁器窯跡を保護・公開するための覆屋。一切の無駄を削ぎ落した鉄骨の覆屋は凛として美しい。

山代温泉に来たら、古総湯だけで
なく、新・総湯にも入ろう。
こちらは内藤廣の設計による
新築。入り口は小ぶりだが、→
奥が深い。男性は南側へ。

古総湯

総湯（新）

男湯

女湯

N

天井が高い！明るい！（中央に巨大トップライト）
そして高級旅館のような ぜいたくな仕上げ。

ヒノキ板張り。

これは
コスパ
高い！

床も浴槽のフチも石張り。

ゆったりの
ぬる湯。

庭が見える
熱い湯。

壁は九谷焼きタイル。

18

休憩所も使って物語性を演出

VISON 本草湯
ヴィソン ほんぞうゆ

外観。竹を編んだ珍しい外壁

2021年開業

[所在地] 三重県多気郡多気町ヴィソン 672-1
[交通] 名古屋駅（名鉄バスセンター）から高速バスで 1時間 40 分、VISON 下車
[日帰り入浴] 可　[公式サイト] https://vison.jp/

[設計] 赤坂知也建築設計事務所、スペースアップ設計工房、船谷建設
[施工] 船谷建設
[構造・階数] 鉄骨造・木造、地上 1 階
[延べ面積] 2630.43 ㎡

「VISON」は、伊勢神宮から車で 20 分。スマートインターチェンジと直結する形で 2021 年に開業した。日本最大級の商業施設をうたう。「本草湯」はその中核の 1 つで、日帰り入浴可の温浴施設だ。

「本草」とは聞き慣れない言葉だが、植物や鉱物が人間にどう作用するかを研究する学問のこと。設計の中心になった赤坂知也氏は、「七十二候」（二十四節気をさらに約 5 日ずつの 3 つに分けた期間のこと）に沿って、季節感のある薬湯が楽しめるものを目指した。そうした地域の歴史や自然を楽しんでもらうために、風景や物語の体験を重視した。

その象徴ともいえるのが、脱衣所の手前にある「七十二候の間」という名の休憩所。72 本の竹が立つ内省的な空間だ。浴室は、自然とつながる繊細な入浴感覚を得るため、目隠し塀のない施設配置を追求した。

「七十二候の間」という名の休憩所

水鏡の湯の内湯から外湯と水盤を見る
（写真提供：VISON 本草湯）

湯MEMO VISON は国土交通省が 2017 年に、「民間施設直結スマートインターチェンジ」の整備を認めた第1号施設。民間事業者は高速道路から施設までの直結路を整備して地方公共団体に無償譲渡し、道路の維持管理は地方公共団体が担う。

まずは休憩室を空間演出に使うという発想に驚く。何だこれは？

うぉ。

「本草湯」の「七十二候の間」だ。畳の上に72本の竹が天井まで伸びる。
野草を調べる本草学者が木の根元で休憩する姿をイメージしたという。

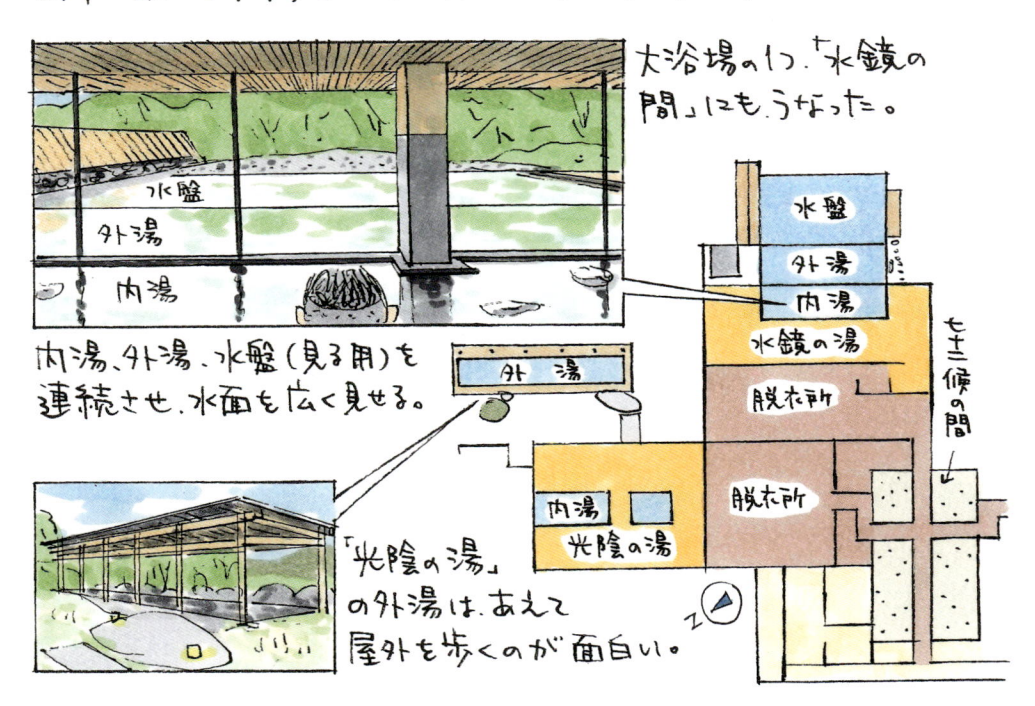

大浴場の1つ、「水鏡の間」にもなった。

水盤
外湯
内湯

内湯、外湯、水盤（見る用）を
連続させ、水面を広く見せる。

外湯

水盤
外湯
内湯
〇〇〇〇

水鏡の湯
脱衣所
脱衣所
内湯
光陰の湯

七十二候の間

「光陰の湯」
の外湯は、あえて
屋外を歩くのが面白い。

19

黄金の宮殿で味わう技と贅

ホテル川久（かわきゅう）

1991年開業、「ROYAL SPA」は2016年完成

［所在地］和歌山県西牟婁郡白浜町3745
［交通］JR白浜駅から無料マイクロバスもしくはタクシーで約10分。南紀白浜空港からタクシーで約10分
［日帰り入浴］可　［公式サイト］http://www.hotel-kawakyu.jp/

［設計］永田・北野建築研究所
［施工］自営
［構造・階数］鉄骨鉄筋コンクリート造・一部鉄筋コンクリート造、地上9階
［延べ面積］2万6076.1㎡

西側から見た外観

　「ホテル川久」はバブル経済絶頂期の1991年に開業した。設計を担当したのは、竹中工務店出身の建築家である永田祐三氏。建設時にはさまざまなアーティストや職人が腕を競い、当初180億円ほどだった予算が倍に膨らんだといわれる。

　岬の突端に位置しており、海越しに見える外観は古城のよう。外壁には73種類ものレンガを使用し、屋根には日本では見ることの少ない瑠璃瓦を47万枚使った。入り口を入ると、アーチを描く黄金の天井に覆われる広大なロビー。左官職人の久住章氏による疑似大理石の柱など、そのぜいたくさに圧倒される。

　大浴場は2カ所にある。1つは1階東側の「温泉サロン ロイヤルスパ 悠久の森」。高野槙を使った内湯は、開業時の姿をほぼとどめている。もう1つは2階北側の「温泉サロン ROYAL SPA」で、こちらは2016年の改修で生まれた。

1階のロビー。天井は本物の金箔

1階「温泉サロン ロイヤルスパ 悠久の森」の内風呂。高野山の霊木とされる高野槙を使用した大浴場。壁の仙人画と漢詩は不老長寿の願いを表現したもの（写真提供：ホテル川久）

湯MEMO　当初は会員制ホテルだったが、1999年にカラカミ観光の運営となり、一般の人も宿泊できるようになった。2020年からは、ロビーまわりが「川久ミュージアム」として宿泊者以外にも公開されている。日帰り入浴も可能。

夕景。右手の八角塔の上には、青銅でつくられたウサギが載る。これは各地の美術館に作品が収蔵されているイギリスの彫刻家、バリー・フラナガン（1941〜2009年）に特注したもので、世界最大級のフラナガン作品（全長6m）という

「贅を尽くす」というのは、こういう建築に使う言葉なのだろう。
建築家・永田祐三の設計で1991年に完成した「ホテル川久」。
紫禁城（中国）やルクソール神殿（エジプト）に影響を受けた濃厚デザイン。

↑
西側から見ると、海に浮かぶ モン・サン＝ミッシェル（フランス）も連想させる。ここ1ヵ所で世界旅行の気分……。

見どころが多すぎて、肝心の風呂については語られることが少ない。当初の姿をほぼ残しているのが1階東側の「悠久の森」の内風呂。

意外にシンプル。

霊木・高野槙を使用。壁の書は当時の川久会長・安間千衣による。

大浴場はこつあり。もう1つは2階北側の「ROYAL SPA」。

横長に切り取られた風景がかっこいい！

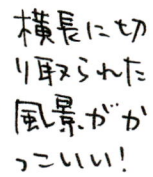

この部分にガラスはなく、半屋外。

海風！

実はこの浴室、完成当初は社長の住宅だった部分を改修したもの。

Before

それを知って入ると、余計にぜいたく感を味わえるのでは？

1階の「悠久の森」露天風呂も後からできたもの。ここから見える外観が最高！

ベストアングル！

20

「紀の川」に開く絶景スカイスパ

カンデオホテルズ南海和歌山

外観。駅に直結している。ホテルは4～12階にある

2020年開業

[所在地] 和歌山県和歌山市東蔵前丁39 キーノ和歌山
[交通] 南海和歌山市駅直結
[日帰り入浴] 可
[公式サイト] https://www.candeohotels.com/ja/wakayama/

[設計] アール・アイ・エー ※
[施工] 竹中工務店・南海辰村建設・淺川組 JV ※
[構造・階数] 鉄骨造、地下1階・地上12階※
[延べ面積] 3万8382.27㎡※
※はキーノ和歌山全体

　南海和歌山市駅に直結する大規模複合施設「キーノ和歌山」の一角をなすホテルだ。カンデオホテルズは5つ星でも3つ星でもない"4つ星ホテル"をコンセプトに掲げ、唯一無二の体験価値の提供に取り組む新興ホテルチェーン。2007年、熊本県内に1・2号店を開業して以来、全国にホテルを増やしている。

　風呂好きの間で有名になりつつあるのが「スカイスパ」。ほとんどの施設で高層ビルの最上階に展望風呂を設けている。中でも、都市部とは思えない開放的な露天風呂をもっているのがこのカンデオホテルズ南海和歌山だ。

　設計の中心になったのはアール・アイ・エー。都市再開発を得意とする設計事務所で、ホテルだけでなくキーノ和歌山の全体を設計した。だからこそ、ホテルの展望風呂を紀の川に向かってこれほど大胆に開くことができたのだろう。プロも必見。

レストランもすごい景色

女湯の露天風呂（写真提供：カンデオホテルズ南海和歌山）

湯MEMO

ホテルの東側にある「和歌山市民図書館」も楽しい。蔦屋書店を展開するカルチュア・コンビニエンス・クラブ（CCC）が指定管理者として図書館を運営する。早めにチェックインして入浴と読書を繰り返してはいかが？

男湯の露天風呂（写真提供：カンデオホテルズ南海和歌山）

男湯の内湯。左奥に露天風呂が連続する（写真提供：カンデオホテルズ南海和歌山）

ビジネス客も利用できる"ちょっとぜいたくな体験"を提供する「カンデオホテルズ」チェーン。特に、見晴らしの良い大浴場は風呂好きの間で評価が高い。

「公式サイトを見てずっと気になっていたのが「カンデオホテルズ南海和歌山」。

"駅直結"でこの開放感って本当なの？

え
ガラスも柵もない？

行ってみると、本当だった！！

なんと！

男湯の露天は、浴槽がL字形なので、コーナー部ではほぼ180度のパノラマビュー。どうして、こんなことが可能？？

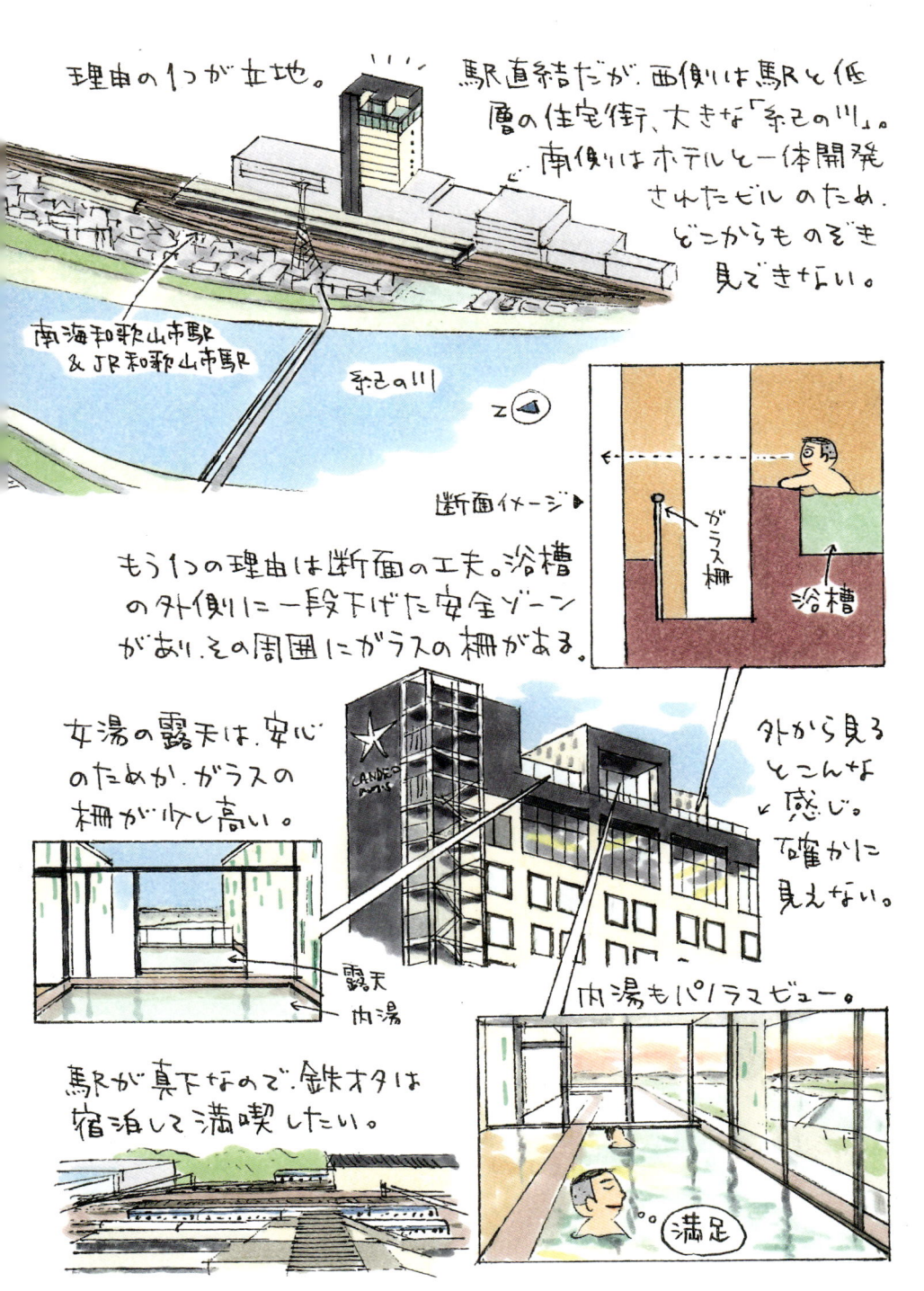

理由の1つが立地。

駅直結だが、西側は駅Rと低層の住宅街、大きな「紀の川」。南側はホテルと一体開発されたビルのため、どこからものぞき見できない。

南海和歌山市駅 & JR和歌山市駅

紀の川

N

断面イメージ▶

ガラス柵

浴槽

もう1つの理由は断面の工夫。浴槽の外側に一段下げた安全ゾーンがあり、その周囲にガラスの柵がある。

女湯の露天は、安心のためか、ガラスの柵が少し高い。

露天

内湯

外から見るとこんな感じ。確かに見えない。

内湯もパノラマビュー。

駅が真下なので、鉄オタは宿泊して満喫したい。

満足

21

ずっと入りたくなる巻き貝浴室

延命湯

入り口。2〜3階はオーナー住居

昭和初期開業、現施設は1983年完成

［所在地］大阪市福島区福島 5-12-5
［交通］JR 福島駅から徒歩 3 分
［日帰り入浴］可
［サイト］https://www.city.osaka.lg.jp/fukushima/page/0000605246.html（大阪市のサイト）

［設計］無有建築工房
［施工］不双建設
［構造・階数］鉄筋コンクリート造、地上 3 階
［延べ面積］374.26 ㎡

「延命湯」は JR 福島駅の南側の細い路地にある。昭和初期に創業した老舗の銭湯で、現在のコンクリート打ち放しの建物が完成したのは1983年。設計したのは無有建築工房の竹原義二氏だ。今や関西を代表する建築家の1人となった竹原氏だが、独立5年後に完成したこの小さな銭湯が初めての建築賞受賞作となった（1984年の渡辺節賞）。

現在の竹原氏の落ち着いた作風と比べると、ずいぶんポップなデザインだ。浴室、脱衣場とも曲線を多用しており、特に浴槽は雲形定規を連ねたような独特のフォルム。壁面のタイルの色彩も華やかだ。浴槽の上は巻き貝のような吹き抜けとなっている。

竹原氏は、客が洗い場で何杯も掛け湯をすると店が赤字になってしまうので、「浴槽が気持ちよくて、ずーっと入りたくなるようにすればいい」と考えたと振り返っている。

女湯の脱衣所

女湯の露天風呂

広くない空間をいかに広く見せるか、湿気をどう抜くか、住居部とどう切り分けるかなど、建築関係者は学ぶべき点が多い。オーナーは「老朽化でどこまで持つか」と話しているので、早めに入浴に行くことをお薦めする。

女湯の内湯。「お湯に漬かりながら、潜水艦で水に潜っているような感覚にしたかった」と竹原氏は振り返る。華やかなタイル張りは、「イスラム圏を旅行した影響」とも（竹原氏のコメントは『日経アーキテクチュア』2018年5月10日号「私の駆け出し時代」から引用）

本書の中で最も竣工年が古い施設だ。"建築家の温浴施設"は最近のトレンドではなかった。40年前からこんな挑戦があったのだ。

建築家・竹原義二が若き日に設計した「延命湯」（1983年）。

大阪市のJR福島駅から徒歩3分の住宅街にある銭湯だ。

こんな路地に‥‥

番台を抜け、脱衣所に入ったところで、早くも「おぉ」と声が出る。

脱衣所がカーブしている！
色使いが60年代アメリカン！？

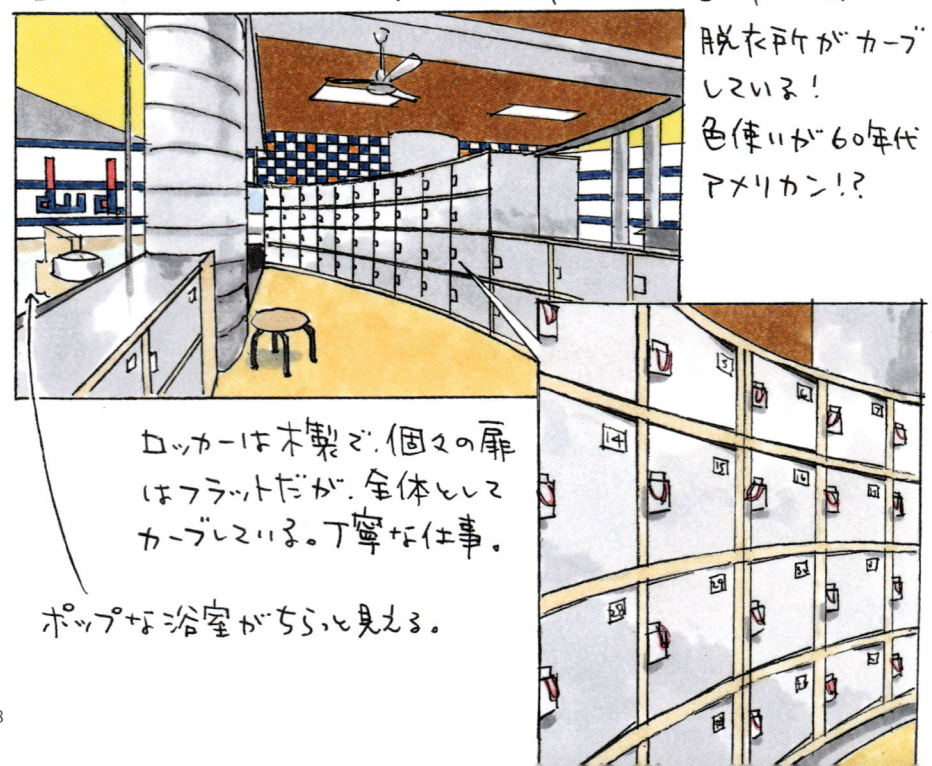

ロッカーは木製で、個々の扉はフラットだが、全体としてカーブしている。丁寧な仕事。

ポップな浴室がちらっと見える。

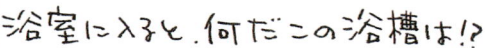

浴室に入ると、何だこの浴槽は!?

楽しく湯に漬かってもらうために浴槽の形を自由曲線に、上部を巻き貝のような吹き抜けにした。

当初はここから光が入った。

脱衣所との間がガラスなので、広く感じる。

小さな露天エリアに、小さな浴槽が2つ（一方は水風呂）。どちらも曲線。どこまでもPOP。

YOSHIJI
TAKEHARA

1948－

竹原は、設計当時を「銭湯の敗者復活戦」と表現する。風呂がどの家にもある時代に、銭湯はどうしたら生き残れるのか―。考え抜いて生まれた延命湯は40年以上、生き残った。今の竹原と比べるとやり過ぎ？とも思えるデザインに、当時の熱い想いがにじみ出ているよう。必見。

22

展望大浴場で昭和のパワーを体感

箕面観光ホテル
<small>みのお</small>

全景。斜面に突き出すように立つ

1968年 開業

［所在地］大阪府箕面市温泉町1-1
［交通］阪急箕面駅から徒歩約5分
［日帰り入浴］可（ただし箕面温泉スパーガーデンのみ）
［公式サイト］https://www.ooedoonsen.jp/minoh

［設計］坂倉準三建築研究所
［施工］戸田建設（ホテル）、清水建設（箕面温泉スパーガーデン）
［構造・階数］鉄筋コンクリート造、地下3階、地上8階
［延べ面積］30000㎡

　ル・コルビュジエに師事した坂倉準三（1901〜1969年）による設計で、第1期が1968年に竣工。坂倉の没後は、事務所を引き継いだ西澤文隆（1915〜1986年）が中心となり段階的に増築された。第1期完成時の建築専門誌『新建築』（1968年9月号）の特集テーマは「超群衆空間＝レジャーセンターの出現」。1960年代後半から各地に建設される複合レジャー型ホテルの先駆けだったことがうかがえる。

　2010年代に入ってホテルが閉鎖された時期があったが、2013年に大江戸温泉物語に経営が引き継がれ、家族客を中心ににぎわいを取り戻している。大浴場は日帰り入浴が可能な地下1階大浴場と、宿泊者専用の8階内湯・露天風呂とがある。8階の内湯は、内装が改修されているものの開口部の位置などは当初と同じ。建築好きはぜひ宿泊して、坂倉や西澤が見せたかった大阪の景色を味わいたい。

モダンでありながら竜宮城を思わせるディテール

2015年に設置された展望露天風呂「天空ノ棚湯」

湯MEMO　阪急箕面駅からアクセスする人は必ず利用するであろう展望エレベーター。これが利用開始される1993年以前は、高低差を結ぶケーブルカーが運行していた。一般の人も無料で乗車できる全国でも珍しいケーブルカーだった。

8 階の東側内湯。L 字に折れる大きな窓などに当初の名残りを残す

8 階の西側内湯。西側は当初も浴槽が楕円形だった

「箕面観光ホテル」は "昭和のエネルギー" を堪能できるパワースポットだ。まず、阪急箕面駅方向から見える全景の巨大さに驚く。

よくあんなにつくったなぁ

第1期の竣工は1968（昭和43）年。大規模レジャーホテルの走りだ。

巨大なのに、密度感もすごい。コンクリートの龍宮城？

坂倉準三、最晩年の建築。坂倉はル・コルビュジエの弟子で、日本のモダニズム建築を切り開いた1人だ。

JUNZO SAKAKURA 1901-1969

この建築は、モダニズム＋和風＋メタボリズム※風の異色作。※メタボリズム：変化や成長を志向する建築。

竣工時とくらべると、大幅に拡張されている。それでも、ホテル最上階にある内湯の"L字ビュー"は健在だ。

■部は第1期。

ホテル
スパーガーデン→

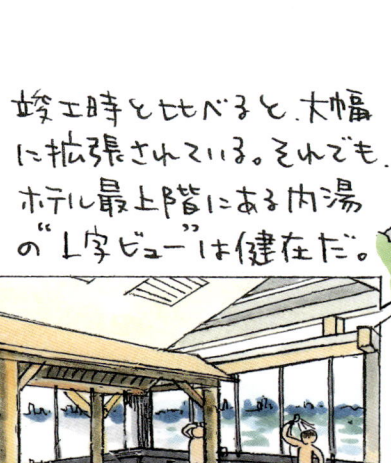

Before

かつては、ピラミッド状の屋根のスリットから光が入った。その頃を想像しながら入ろう。

拡張は、平成になっても続いた。2015（平成27）年には屋上に「天空ノ棚湯」が誕生。

〈海側〉

インフィニティ

2019（令和元）年には「天空月見ノ湯」誕生。

〈山側〉

厳しい荷重条件下での魅力的な改修に拍手。

1960年代のレジャーホテルが残っているだけでも驚きなのに、じわじわと新陳代謝を続けている。建築好きは一度は見に行こう。

23

古代神殿のような露天ジャグジー

ナチュールスパ宝塚（宝塚市立温泉利用施設）

武庫川に架かる宝来橋から見た外観

2002年開業（当初は「クリスタルスパリゾート宝塚温泉」）
［所在地］兵庫県宝塚市湯本町9-33
［交通］阪急宝塚駅から徒歩3分、JR宝塚駅から徒歩4分
［日帰り入浴］可
［公式サイト］https://www.naturespa-takarazuka.jp/

［設計］安藤忠雄建築研究所
［施工］戸田建設
［構造・階数］鉄骨鉄筋コンクリート造、地下2階・地上5階
［延べ面積］3165.01 ㎡

　宝塚温泉は、鎌倉時代から伝わる温泉で、1887（明治20）年に温泉場として本格的に開湯した。1995年の阪神・淡路大震災の影響などで旅館の閉館が相次いだことから、宝塚市は再生の一策として2002年に「クリスタルスパリゾート宝塚温泉」を開業した。設計を担当したのは建築家の安藤忠雄氏だ。しかし、運営を担当した宝塚市の第三セクターが業績不振で翌2003年に経営破綻。2004年に「ナチュールスパ宝塚」と名称を変更し、市立温泉利用施設としてリニューアルオープンした。

　安藤建築は数あれど、気軽に入れる温浴施設はおそらくここだけ。屋上部分は円形の穴が空いた大きな庇で覆われ、その下に男女共用（水着着用）の露天ジャグジーがある。庇や柱はコンクリート打ち放しで、いかにも安藤氏らしい空間。男女別の内湯の浴槽は金宝泉と銀宝泉の2種類がある。

内湯の浴槽の1つ、金宝泉（写真提供：宝塚市）

内湯の浴槽の1つ、銀宝泉（写真提供：宝塚市）

湯MEMO　宝塚市は維持管理の負担が大きいとして温浴事業の断念も視野に売却を検討していたが、2026年6月までは現行のまま事業を継続することを決定した。とはいえ、安藤建築のファンは早く訪れることをお薦めする。

露天ジャグジー（写真提供：宝塚市）

武庫川の対岸から見る。円形の穴が空いたコンクリートに庇が川辺のランドマークとなっている

鎌倉時代に詠まれた歌が残る宝塚温泉。
昭和の頃には、ここにあった「水明館」に
あの三島由紀夫が滞在した。
そんな歴史ある温泉が平成に再生。

昭和

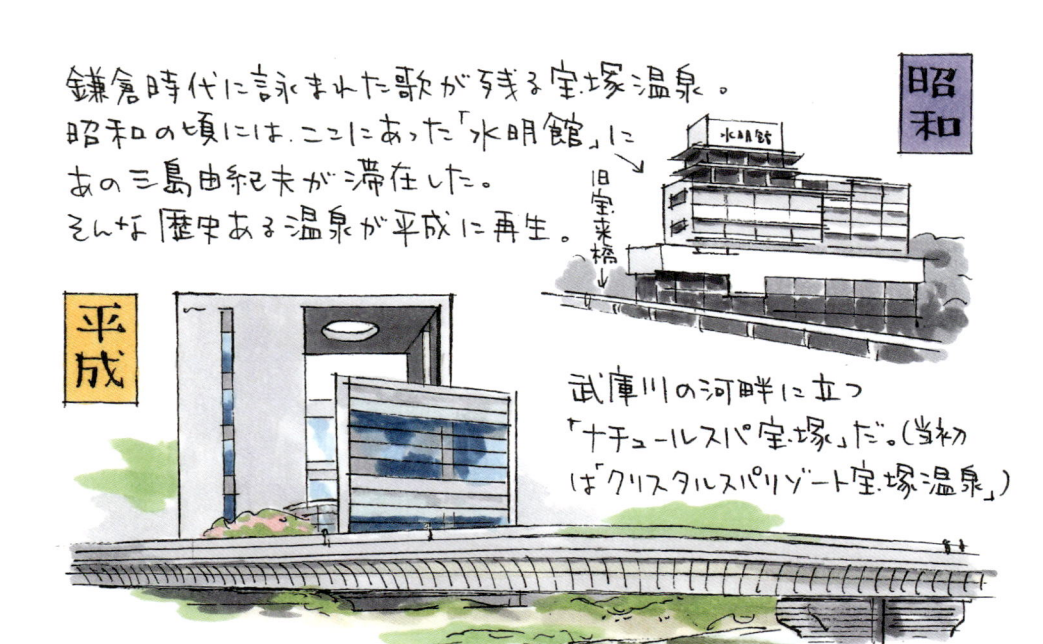

水明館

旧宝来橋
↓

平成

武庫川の河畔に立つ
「ナチュールスパ宝塚」だ。(当初
は「クリスタルスパリゾート宝塚温泉」)

設計したのは、
世界の安藤忠雄。

TADAO
ANDO

1941-

この幾何学のズレは、
間違いなく安藤忠雄。

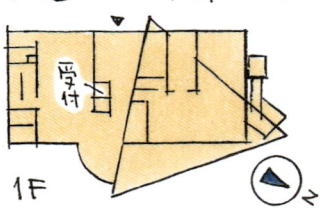

受付

1F

▲
Ｎ

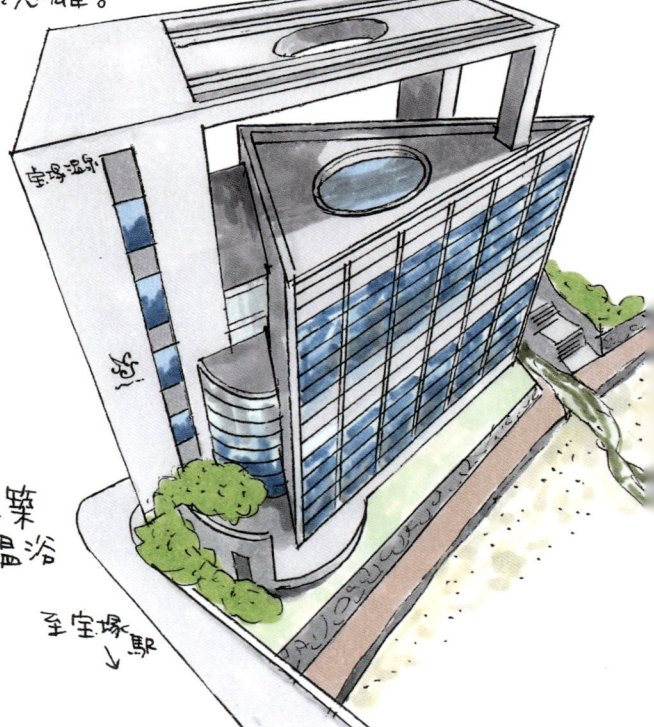

宝塚温泉

至宝塚駅
↓

おそらく、数ある安藤建築
の中で、"誰でも入れる温浴
施設"はここだけ。

2階のスパプールは女性専用で入れず。「えー、ずるいー」と思いながら3階へ。

ロッカー
銀宝泉
金宝泉
スパプール
2F（女性専用）

金宝泉
ロッカー
銀宝泉
岩盤浴
3F

内湯は「銀宝泉」と「金宝泉」の2つ。

透明

茶褐色

本当に安藤？

どちらも、平面は変わっているが、それほど安藤らしさは感じない。

しか〜し！目玉は4階の露天ジャグジーだった。これぞ安藤忠雄！

岩盤浴
4F

穴は真上ではない

おー。

空とつながる感....

ローマ時代のテルマエ、てこんな感じだったのでは？

24

幾何学の庭に溶け込む樽型浴室

兵庫県立先端科学技術支援センター

会議センター棟の外観

1993年開業

[所在地] 兵庫県赤穂郡上郡町光都 3-1-1
[交通] JR相生駅からバスで約25分
[日帰り入浴] 不可
[公式サイト] https://casthyogo.com/

[設計] 磯崎新アトリエ、設計組織 A・D・H、
　　　　ピーター・ウォーカー・ウィリアム・ジョンソン・アンド・パートナーズ
[施工] 竹中工務店・新井組・北村工務店 JV
[構造・階数] 鉄筋コンクリート造、地上3階（浴室は1階）
[延べ面積] 7394.06㎡

「播磨科学公園都市」にある研究開発を支援するための兵庫県の施設だ。固そうな施設に思えるが、宿泊施設は一般の人でも利用できる。しかも、とてもリーズナブル。

設計者は磯崎 新氏（1931〜2022年）。建築界のノーベル賞といわれる「プリツカー賞」を受賞するなど国内外で活躍した建築家だ。この施設は弟子の渡辺真理氏（設計組織 A・D・H）とともに設計し、1993年に完成した。

積み木でつくったような建物のデザインも磯崎氏らしいが、ここでの目玉は"庭"だ。世界的に活躍するランドスケープ・アーキテクトのピーター・ウォーカー氏と協働した幾何学的デザインの外構や中庭は、まるで美術館か宗教建築のよう。

浴室の外観も、庭を構成する一要素としてデザインされている。浴室の内部は板張りの樽の中にいるようで気持ちいい。

ゲストハウス棟の中庭。真ん中の2つの筒のような部分が浴室

木の樽の中のような浴室内
（写真提供：兵庫県立先端科学技術支援センター）

湯MEMO

ランドスケープの中心になったピーター・ウォーカー氏は、日本では「豊田市美術館」とそれに隣接する「豊田市博物館」の外構設計を担当した人。関東では、さいたま新都心の「けやきひろば」の設計にも参加している。

浴室内。湯に漬かるとガラスブロックの光に包まれる。右奥に扉の中に小さなサウナがある

浴室の外観はランドスケープを構成する重要な要素となっている

丹下健三に師事し、世界で活躍したスター建築家、磯崎新。おそらく、磯崎が設計した、誰でも入れる風呂はここにしかない。

兵庫県・播磨科学公園都市にある「兵庫県立先端科学技術センター（CAST）」だ。

ARATA
ISOZAKI
1931-2022

そんなカタそうな施設に風呂が？　あるんです。
ゲストハウス棟の中庭のここに。

会議センター棟

ゲストハウス棟

浴室

ランドスケープの一部として浴室の外観がデザインされている。

宇宙的なものすら感じる幾何学的ランドスケープ。有名なランドスケープアーキテクトのピーター・ウォーカーが関わったと聞くと納得。

Peter Walker 1932—

曲面のガラスブロックは、外から見て美しいだけでなく、浴室内でも存在感大。光と木に包まれて気持ちいい！

廊下
脱衣所
サウナ
浴室
中庭

小さいけれどサウナと水風呂もある。

当時の建築専門誌を見ても浴室の写真が載っていない…。でも、これはいい。客室もよいので泊まるべき！

25

構成主義を思わす六角窓の吸引力

城崎温泉 地蔵湯

外観

江戸時代開業、現施設は1992年完成

［所在地］兵庫県豊岡市城崎町湯島796
［交通］JR城崎温泉から徒歩約5分
［日帰り入浴］可
［公式サイト］https://toyooka-tourism.com/spot/jizoyu/

［設計］地域計画建築研究所 アルパック
［施工］竹内工務店
［構造・階数］鉄筋コンクリート造、地下1階・地上2階
［延べ面積］850㎡

　建築学者で建築家でもある西山夘三（1911～1994年）は、1950年代から城崎温泉の地域計画や外湯の改築計画を手掛けた。地蔵湯は城崎温泉街の7つの外湯の1つで、現在の施設は1992年に完成した。設計は西山が指導した地域計画建築研究所 アルパックが担当し、外観は西山のスケッチを元に進めたという。

　敷地は城崎温泉の中心部、大谿川（おおたに）に架かる橋のたもと。正方形のグリッドに六角形の窓が並ぶ外観はすごいインパクト。西山の実作では「徳島県郷土文化会館」（1971年）が有名だ。この地蔵湯は量感のある造形と幾何学的窓割りがそれに通ずる。本人に意識があったかはわからないが、ロシア構成主義を思わせる。

　浴室は男女の風呂を三角屋根で覆うオーソドックスな共同浴場スタイル。目を引く六角窓の内側は休憩室だ。2階にあるので、ひと休みしてから帰ろう。

夜景

浴室（写真提供：豊岡市）

湯MEMO　城崎温泉では著名なデザイナーや建築家が関わる改修が増えている。サポーズデザインオフィスによる小林屋の改修、二俣公一氏による三木屋の改修、堀部安嗣氏による泉翠の改修など。他にもあるので調べてから行こう。

2階の休憩室。六角窓は室内から見てもインパクト大

JR城崎温泉駅から北に5分ほど歩くと、大谿川に架かる橋のたもとに現れる「地蔵湯」。強烈な外観に吸い寄せられるように入ってみた。何の余備知識もなく…。

東京に戻ってから調べてびっくり。建築家・西山夘三の80歳代のプロジェクト（1992年完成）だった。

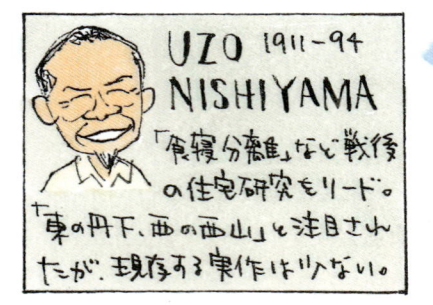

UZO 1911-94
NISHIYAMA

「食寝分離」など戦後の住宅研究をリード。「東の丹下、西の西山」と注目されたが、現存する実作は少ない。

外観は灯籠を、六角形の窓は「玄武洞」（豊岡市の洞窟）の玄武岩をイメージしたという。

浴室は天井が高くてゆったり。中央にマツタケ形の浴槽。

広っ!

露天風呂はないけれど、トップライトの下は露天気分。

ふぉー

入浴後はすぐに帰らずに、必ず2階をのぞいてみてほしい。

まるで
メーリニコフ ※

六角窓の中は、こんな吹き抜けの休憩室だった。西山は設計時、「外湯は個々に特徴あるデザインとするべき」と、自らスケッチを描いたという。

※コンスタンチン・メーリニコフ:
ロシア構成主義の建築家（1890-1974年）

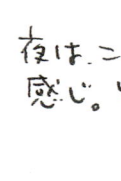

夜は、こんな感じ。灯籠!

26

建築家と彫刻家、一流の激突

東光園

本館の外観

昭和初期創業、現本館は 1964 年完成

［所在地］鳥取県米子市皆生温泉 3-17-7
［交通］JR 米子駅からバスで約 20 分
※東光園は 2024 年 8 月現在休館中。
利用したい方はご自身で営業状況をご確認ください。

［設計］菊竹清訓（本館）、流 政之（大浴場棟、ランドスケープ）
［施工］熊谷組
［構造・階数］鉄骨鉄筋コンクリート造、地下 1 階・地上 7 階
［延べ面積］3356 ㎡

　菊竹清訓（1928〜2011 年）は、1960 年代に黒川紀章や槇 文彦らとともに「メタボリズム」という概念を提唱し、世界的に知られる建築家だ。「メタボリズム」とは、建築を不変のものでなく、「代謝・更新」するものとして設計する考え方。鳥取県米子市の皆生温泉にある「東光園」の本館は、菊竹が 1964 年に完成させた初期の代表作であり、「メタボリズム」の代表作でもある。2017 年には登録有形文化財となった。

　優美な日本庭園は、世界的な彫刻家、流 政之（1923〜2018 年）によって、本館よりも先に整備されていた。本館建設の後、菊竹の設計で 1972 年に新館ができ、さらに 1983 年に流の設計で大浴場ができた。大浴場は庭園の景色を重視した民家風のデザイン。相反するもの同士が意外に調和して見えるのも、東光園の魅力だ。

本館のロビー

メタボリズムの象徴ともいえる 4 階の空中庭園

湯MEMO　菊竹清訓の設計事務所からは内井昭蔵（170 ページ）、伊東豊雄（68 ページ）、内藤 廣（84 ページ）といった著名建築家が育った。なかでも伊東氏は、東光園について「生涯で最もインパクトのあった建築」と語っている。

庭園越しに見る大浴場の外観。切妻屋根の建物が「雲が湯」で、右奥に「染が湯」がある

雲が湯の浴室内

「東光園」といえば、"建築好き"ならば誰でも知っているであろう菊竹清訓の代表作だ。弟子の伊東豊雄は「生涯で最もインパクトのあった建築」と語っている。

KIYONORI
KIKUTAKE
1928 –
2011

弟子入リ

ナンバーワン！

TOYO
ITO
1941–

建築もすごいが、庭園も大迫力。建築と庭の濃厚ポタージュ。

どこを見ても濃い…

本館から見下ろす。
日本海

大山

庭園を設計したのは、世界的彫刻家、流政之。

MASAYUKI
NAGARE
1923 – 2018

実は、菊竹の本館よりも、庭園の方が先に出来た。

流の回想によると、庭園の評価は高かったが、菊竹が本館や新館(1972年)を建てると、庭園の魅力はダウン。客足が遠のき、流が再び庭に手を入れることに。1983年、流の設計で大浴場が新築された。

微妙な関係？

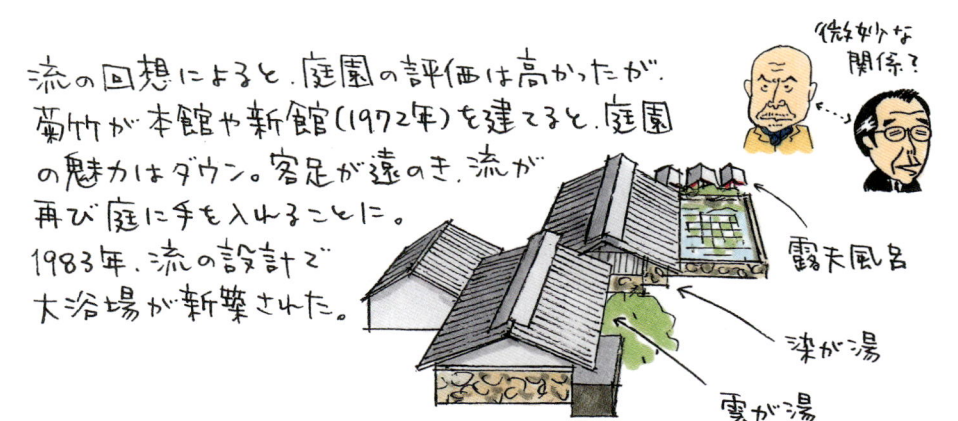

露天風呂

染が湯

雲が湯

とにかく庭を見よ、というわかりやすいメッセージ。

雲が湯

力強い

染が湯の方は、湯船に漬かると、壁(岩)の隙間から本館の一部がチラリと見える。

あ、見えた

露天風呂は、端までいくと、本館の全貌が見える。

見えた！

2人の微妙な関係が想像できて、このチラリ感も一つの魅力。

27

神に捧げる巨大な"玉"の浴室

玉造温泉ゆ〜ゆ
たまつくり

1996年開業

[所在地] 島根県松江市玉湯町玉造255
[交通] JR玉造温泉駅から車で約5分、松江から車で約15分
[日帰り入浴] 可
[公式サイト] https://www.tama-yuuyu.com/

[設計] 高松伸建築設計事務所
[施工] 戸田建設・まるなか建設・間工務店JV
[構造・階数] 鉄筋コンクリート造、地上5階
[延べ面積] 3898.26㎡

巨大な半球が目を引く外観

玉造温泉ゆ〜ゆは島根県出身の建築家、高松 伸氏の設計により、1996年に完成した。旧玉湯町が整備したが、合併により現在は松江市の施設となっている。三角形と半球体を組み合わせた巨大彫刻のようなデザインは、知らなければとても温浴施設とは思えない。

敷地は傾斜地で、斜面の上方には史跡公園がある。この史跡公園と温泉街側とを結ぶ高低差16mの外部通路の上に、直径42mの半球が浮かぶ。「玉造」という地名から想像されるように、ここは神事に使われる勾玉を産出した場所。半球は玉のイメージだ。

浴室は地上5階レベルの玉の中にある。中心部の内湯には、勾玉の形をした大きな浴槽。その周囲に露天風呂やサウナがある。

1階は大きな売店で、玉湯町の特産である陶器「布志名焼」など、地域の伝統工芸品を販売している。

1階の売店のまわりを鋭角に折れながら上昇する階段

露天風呂（写真提供：玉造温泉ゆ〜ゆ）

湯MEMO　幼児が遊べるキッズパークを2階につくったり、"玉"の下（3階）にあるコンベンションホールで吹奏楽演奏会を開いたり、屋外大階段でマーケットを企画したりと、指定管理者（玉造温泉ゆうゆ）の頑張りにエールを送りたくなる。

内湯。浴槽の形は勾玉（写真提供：玉造温泉ゆ〜ゆ）

東側の出雲玉作史跡公園に向かう大階段

建築家・高松伸というと、こんな↓スチームパンク系の
建築がすぐに頭に浮かぶ。

SHIN TAKAMATSU
1948-
バブルの頃 "違いがわかる男"
のCMに出てたなぁ

ARK
(1983) ▼

▲ SYNTAX
(1990)

だが、数は少ないも
の、こういうコンクート
彫刻系もある。↓

境港市文化ホール(1994) ▼

◀ 植田正治写真
美術館 (1995)

たまつくり
「玉造温泉ゆ〜ゆ」
(1996)は後者の代表
作の1つ。まずは外
から、彫刻的な造形
を堪能しよう。

お、、

下から見たり、上
から見下ろしたり
‥‥。

大階段は東側に
ある史跡公園に
↓ 続いている。

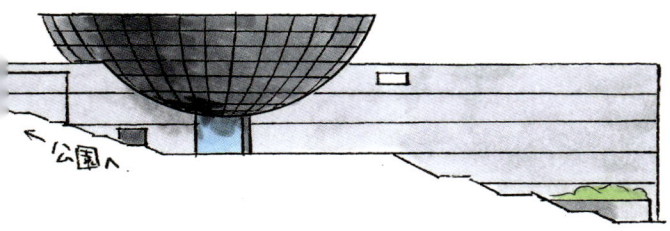

高松によると、上部の
お椀状部分は「玉造」
の由来である「玉」（青め
のう）のイメージという。

大浴場は、その「玉」の最上階にある。

は、

まん中の円柱部を2つに分けて
屋内の浴室とし、そのまわりを
露天風呂としている。

ここは
サウナ

大階段じゃ
ないのか…

曲面の上部は
残念ながら
上れない。

あとで平面図を見て気づいた。
屋内の浴槽の形って「勾玉」か！！

女性　男性

知っていて入ると
ありがたみが増す？

28

岩盤の湯元を眺める神秘の浴槽

長門湯本温泉 恩湯（おんとう）

恩湯の外観

1427年開湯、現施設は2020年完成

［所在地］山口県長門市深川湯本2265
［交通］　JR長門湯本駅から徒歩約10分
［日帰り入浴］可
［公式サイト］https://onto.jp/

［設計］設計事務所岡昇平
［施工］ヤマネ鉄工建設
［構造・階数］鉄骨造、地上1階
［延べ面積］324.93㎡（岩盤上家棟含む）

　長門湯本温泉の立ち寄り湯「恩湯」は、国内でも数カ所しかないという、岩盤から湯が湧き出すさまを見られる温泉だ。

　もともとは1427（応永34）年、曹洞宗の定庵禅師がお告げによって発見したと伝えられる寺湯。既存施設は公設公営だったが、施設の老朽化や利用客の減少により、2017年に営業を終了。地域の若手たちによって再建され、2020年にリニューアルオープンした（開発・運営は長門湯守株式会社）。

　平屋の素朴なたたずまいは、香川県の「仏生山温泉」（132ページ）で名を知られるようになった設計事務所岡昇平の設計による。建物は湯元の真上に立ち、深さ1mの湯船に漬かると、岩盤から湧く湯を見ることができる。

　休憩スペースは三面が開放的なガラス張り。西側を流れる音信川（おとずれがわ）のせせらぎに耳を傾けながら、のんびり過ごしたい。

玄関ホール。左手の壁に飾られて銀色のプレートは、再建の寄付者の銘板。彫刻家であり設計事務所岡昇平の共同代表でもある保井智貴氏（9ページ参照）による螺鈿彫刻作品

休憩スペース（写真提供：設計事務所岡昇平）

湯MEMO　恩湯の休憩室では、山口県名産の小野茶を使ったソフトクリームや温泉街で醸造されるクラフトビールが楽しめる。北側に立つ「ひものや食堂 ひだまり」（こちらも設計は設計事務所岡昇平）では、地元で水揚げされた新鮮な地魚を干物やフライで提供。

浴槽から岩盤の湯元を見る（写真提供：設計事務所岡昇平）

西側を流れる音信川の親水空間も魅力的。一帯が「オソト天国」と名付けられている

和風だけど、いかにも現代的な外観の長門湯本温泉「恩湯（おんとう）」。建築家・岡昇平の設計で2020年に建て替えられた。

スッキリ！

全国でも珍しい湯元の真上にある入浴施設である。知らずに入ると、かなり不思議な体験をする。

以前はこんな→キッチュな外観だった。激変……。

脱衣所を出て浴室に進むと、そこは洗い場だけのスペース。

あれ？湯船は

体を洗ってから先に進むと、トンネルのような空間。

暗っ

浴槽

おそるおそる浴槽に体を漬けると……

深っ

約1m

目が慣れてきて、ようやく意味がわかった。

あの岩が湯元か

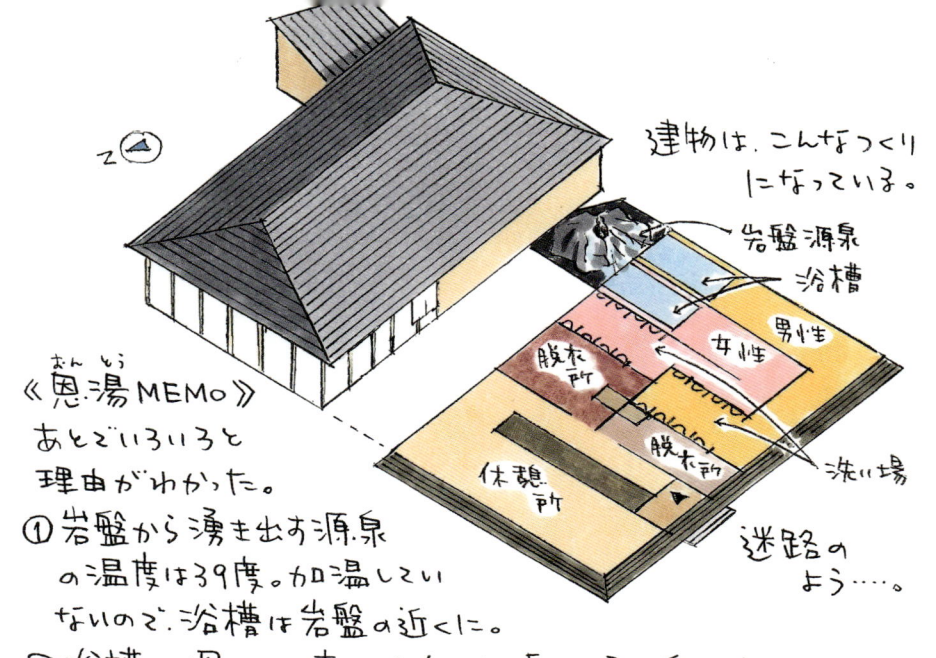

建物は、こんなつくりになっている。

岩盤源泉
浴槽
男性
女性
脱衣所
脱衣所
休憩所
洗い場

迷路のよう……。

《恩湯(おんとう)MEMo》
あとでいろいろと
理由がわかった。

① 岩盤から湧き出す源泉
の温度は39度。加温して
ないので、浴槽は岩盤の近くに。

② 浴槽が深いのは、真下から吹き出す「足元湧出泉」を生かすため。

③ 洗い場と浴槽(清めの場)が離れているのは「境界」を設けるため。

なるほど……。そんな
うんちくも、休憩室で
ソフトクリームを食
べながら知った。

チョコではなく、
ほうじ茶
(小野茶)

親水整備もいい感じ。
こんなに川面に人がいる
のを見たことがない。

「ひだまり」
(ひものや食堂)

29

削ぎ落とし、自然と交わる

川棚グランドホテルお多福 山頭火

本館の外観（写真：岡本公二）

創業は江戸時代、現在の「山頭火」は 2004 年完成、2018 年改修

［所在地］山口県下関市豊浦町川棚 4912-1
［交通］JR 新下関駅から車で約 30 分
［日帰り入浴］可
［公式サイト］https://www.kgh-otafuku.co.jp/

［設計］有馬裕之 ＋ Urban Forth
［構造・階数］鉄筋コンクリート造、地上 2 階
［延べ面積］471.8 ㎡

川棚温泉は、平安時代の1183年に温泉が発見され、領主の平定盛が湯屋を建設したとされる。昭和に入ると漂泊の俳人・種田山頭火が、晩年の1932年に川棚で100日ほど滞在。「川棚温泉は私の最も好きな風景である」と称賛し、約300の句を残した。

川棚グランドホテルお多福の前身「於多福屋」は江戸時代の天保年間の創業。モダンデザインの大浴場「山頭火」は、福岡を拠点に活動する建築家・有馬裕之氏の設計で2004年に誕生した。有馬氏は竹中工務店出身で、華美な装飾を排したミニマルな建築で知られる。

この山頭火も、無機質な四角形の箱に大きなガラス窓をはめた老舗旅館とは思えない現代的デザイン。それでいながら風景との一体感が強く、違和感はない。脱衣所から浴室、露天風呂へと、壁面に約120の山頭火の句が刻まれているのも物語性があって面白い。

山頭火は本館と「瓦そば本店お多福」の間の斜面を上った奥に別棟として立つ

本館東側の中庭にある茶室「楓居」（写真中央）も有馬裕之氏の設計（写真：岡本公二）

湯MEMO　山口県を代表するソウルフード「瓦そば」。「川棚温泉に名物を」と考えた川棚温泉の旅館が発祥といわれている。山頭火を日帰りで利用する人は、「お食事セット券」を買い、入浴後に瓦そばを食べるのがお薦め。

山頭火の内湯から露天風呂を見る。左手の壁に種田山頭火の句が書かれている（写真提供：川棚グランドホテルお多福）

山頭火の露天風呂から内湯を見返す（写真提供：川棚グランドホテルお多福）

古くからの温泉街に「モダニズムの温浴施設」は極めて稀だ。このいかにも老舗という外観の「川棚グランドホテル お多福」に、"モダニズムの極致"ともいうべき大浴場がある。2018年にリニューアルされた「山頭火」だ。

↑ この石段を上る

1956–

設計したのは有馬裕之。竹中工務店のOBらしい "削ぎ落とし系デザイン" の名手。

本館東側の中庭には、有馬が設計したモダン茶室「楓居」(2001年)があるので、チラ見したい。

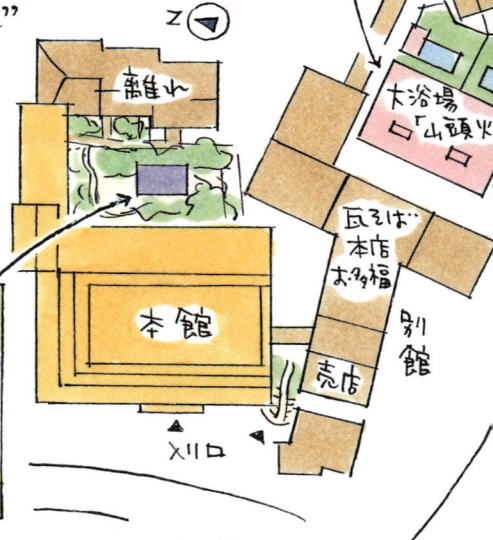

N

御殿

大浴場「山頭火」

瓦そば本店 お多福

別館

本館

売店

メリロ

離山

そして、目指す「山頭火」へ。まず、脱衣場で気分が上がる。

あてもない空からころげてきた木の実

何だかなつかしうなるくちなしさいて

山頭火の句が壁のあちこちに。

浴室内のファースト
シーンはこの光景。
風景もトリミングす
るガラス面、遠近感
を強調する長い
壁、それらを映し
取る浴槽。見事！

露天風呂に漬かりながら山頭火の句を読む。至福の時。

山頭火、
しみるな…

伸ばしきった手で足で朝風
水をただよう桐一葉

山頭火の句がこのモダン
な空間にすごく合っている。
いろいろなものを捨てながら
句を詠んだ人生だから？

1882-
1940

入浴後、山口名物の「瓦そば」を
初めて食べた。パリパリしておいしい！
日帰りの人はランチ付入浴がおすすめ。

30

中庭と脱衣所、浴室が一体に

仏生山温泉
ぶっしょうざん

通りから見た外観。
知らなければ美術館かと思う

2005年 開業

［所在地］香川県高松市仏生山町乙114-5
［交通］ことでん仏生山駅から徒歩10分
［日帰り入浴］可
［公式サイト］https://busshozan.com/

［設計］設計事務所岡昇平
［施工］谷口建設工業
［構造・階数］鉄骨造、地上2階
［延べ面積］622.98㎡

「仏生山温泉」は、老舗の温泉街ではなく、2005年に開業した日帰りの温泉施設の名だ。四国高松の門前町である仏生山につくられた。設計者の岡昇平氏は、施設の経営者でもある。岡氏は仏生山で飲食店や旅館を営む家に生まれ、東京で設計事務所「みかんぐみ」に3年ほど務めた後、故郷へ戻ろうと思ったタイミングで父親が温泉を掘り当てた。それをきっかけに2002年、仏生山で建築事務所を開き、この施設を設計して経営者となった。

建物は東西に細長い。歩くことで出会いと交流が促進され、地域のコミュニケーションの場となるものを目指した。男女の浴場とも中庭をコの字に囲む形で、脱衣所も中庭に面している。気候が良いときには、浴室と脱衣所のガラス引き戸が開かれ、全体がひとつながりの開放的な空間となる。内湯、露天とも浴槽はすべてかけ流しだ。

北側の庭に開かれた休憩室の外観

休憩室

湯MEMO 仏生山温泉では湯船で本を読んでもよい。休憩室の壁沿いに「50m書店」があり、古本が平置きされている。それを買って湯船や休憩室でゆっくり読める。入り口近くの食堂も人気で、食事だけで利用する人もいるという。

中庭に開かれた浴場（写真提供：仏生山温泉）

夜の浴場の様子。右手が脱衣所（写真提供：仏生山温泉）

「仏生山温泉」は、日帰り温泉界の希望だ。

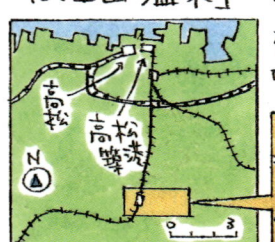
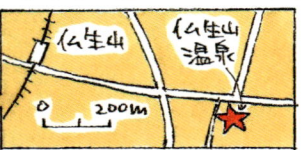

それは香川県高松市にある。高松築港から「ことでん」でガタゴト揺られて15分。そこから東に15分ほど歩き、「本当にこの道？」と心配になり始めたころ、それは現れる。

まずは想像していた外観との違いにびっくり。

これか！美術館みたい

脱衣所に入ってまたびっくり。
中庭に向かってバーンと開かれたオープンな脱衣所。湯に漬かる前からテンション急上昇。

この脱衣所の爽快感は国内のトップ3に入ると思う。

来てよかった

入口
脱衣所
女
男

男女とも、浴室と露天風呂が中庭をコの字に取り囲む。脱衣所の前にもテラスがあり、中庭をぐるっと回遊できる。

「何周もしてしまう」

湯上がり処は、北側の植栽をゆったり眺める。風が心地いい。

「また来よう。」

どこを見ても漂うオシャレ感……。

老舗温泉の見事な再生…と思ってしまうが、実は2000年代に入って発掘された新しい温泉だ。発掘者の息子である岡昇平が施設を設計した。建築とデザインの勝利！

古本も販売している。

うちわがカワイイ。

凸仏生山温泉
BUSSHOZAN - ONSEN

カゴもおシャレなので、タオル持参だとしてもお土産に買おう！

31

露天で眺める"陸の豪華客船"

奥道後壱湯の守（旧ホテル奥道後）

川側の外観。プールは夏季のみ営業

1964年開業、本館は1969年完成、「翠明の湯」は2014年完成

[所在地] 愛媛県松山市末町乙267-1
[交通] 伊予鉄道・道後温泉駅から車で10分
[日帰り入浴] 可
[公式サイト] https://www.okudogo.co.jp/

[設計] 根津建築事務所（本館）、アーキテクツオフィス（翠明の湯）
[施工] 竹中工務店（本館）、門屋組（翠明の湯）
[構造・階数] 鉄筋コンクリート造・鉄骨造、地上7階（本館）
[延べ面積] 1万4244.37㎡（本館）

　ホテル奥道後（現・奥道後壱湯の守）の本館は、「日本万国博覧会本部ビル」などで知られる建築家、根津耕一郎氏の設計により1969年に完成した。全長350mという巨大さと川辺の断崖に立つ大胆な造形で衝撃を与えた。

　東日本大震災後に海外客が減り、2012年に民事再生法の適用を申請。旅館運営会社である海栄館が再建に乗り出し、2014年に「奥道後 壱湯の守」として再オープンした。

　本館は2020年に耐震工事を終え、目玉の4階メインロビーも往時の印象を鮮烈に伝える。モダニズムの名作が次々と建て替えられるなか、訪れて体験する価値のある建築だ。

　かつて人気だった「ジャングル風呂」（根津耕一郎氏の設計ではない）は解体され、露天大浴場「翠明の湯」となっている。男湯からは"陸の豪華客船"とも呼ばれた本館の外観が見え、建築好き男子にはうれしい。

4階のメインロビー。全長約150mのガラス張りパノラマビュー！

ジャングル風呂の跡地につくられた「翠明の湯」を見下ろす

136

湯MEMO　4階のメインロビーの奥の方に行くと、奥道後の創設者で「再建王」とも呼ばれた坪内寿夫を記念する「奥道後歴史記念館」がある。本館建設に関する資料も充実。フロント（5階）の1フロア下なので、忘れずに寄るべし。

昭和のリゾートホテルのパワーを四国で味わうならここ。道後の温泉街から車で10分、「奥道後 壱湯の守」(旧ホテル奥道後)。1969年竣工の本館は、根津耕一郎の設計だ。

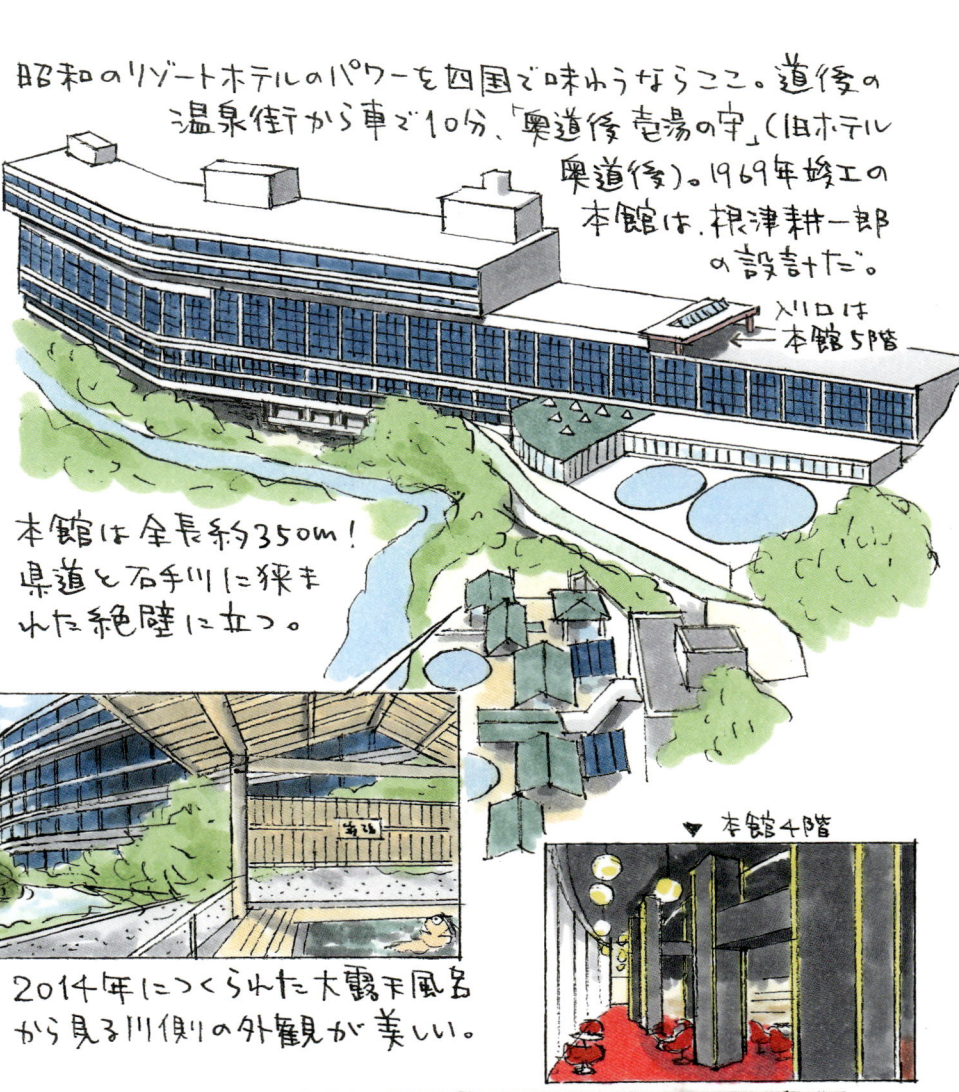

入口は → 本館5階

本館は全長約350m！県道と石手川に挟まれた絶壁に立つ。

2014年につくられた大露天風呂から見る川側の外観が美しい。

▼ 本館4階

日帰り入浴の人も、4階ロビーはのぞいてみるべし。こんなに長くてエレガントなロビーは他にない。ぜひ文化財にして保存を！

長さ約150M！

32

唐傘屋根は"土佐派"の真骨頂

オーベルジュ土佐山

1998年開業

［所在地］高知県高知市土佐山東川 661
［交通］JR高知駅からタクシーで40分
［日帰り入浴］可
［公式サイト］https://www.orienthotel.jp/tosayama/

［設計］細木建築研究所
［施工］大旺建設
［構造・階数］木造・一部鉄筋コンクリート造、地上2階（本館）
［延べ面積］2009.84㎡（本館）

入り口に向かうアプローチ

高知市の中心部から車で30分ほどの山中ににあるオーベルジュ（宿泊施設を備えたレストラン）。"土佐派"と呼ばれる自然素材のデザインを志向する建築家グループのリーダー的存在、細木 茂氏の代表作だ。

小学校の統廃合を機に、地域住民が過疎化への危機感からワークショップを重ねて生まれた。「（当初は）住民用のお風呂と集会所をつくるという小さい規模の計画だったのですが、絵を描いて話をしていく中で、それだけでは淋しいねとなり、食事をする所もつくって外からも人を呼ぶべきだとなったんです」と細木氏は振り返る（公式サイトより）。

温泉施設は別棟で、男女の浴室を唐傘のような木造屋根がゆったりと覆う。天井面のスギルーバーと、頂部から差し込む自然光が心地よい。露天風呂もあるが、内湯に漬かっていても屋外のよう。日帰り利用もできる。

ロビー周辺。土佐杉や桧、土佐漆喰、土佐和紙など、地元の自然素材を生かした優しいデザイン

温泉棟の露天風呂（写真提供：オーベルジュ土佐山）

湯MEMO オーベルジュ土佐山は2024年、日本建築家協会の「JIA25年賞」を受賞した。講評では「いわゆる土佐派と呼ばれる建築の中でも優れた一例」「宿泊施設の事業計画ありきのプロセスとは全く異なっている」と評されている。

"土佐派"の建築家、細木茂の代表作の1つ、「オーベルジュ土佐山」。

モダン

唐傘のような木造架構の中央に天窓。伝統を感じさせつつも現代的。

ふぅ〜

ふぅ〜

露天風呂もあるのだけれど、
屋内湯の方がおすすめ。
目隠しの壁を気にせず、
山を眺められるから。

建築も魅力的だが、緑の
デトックス感がそれ以上。
時間をゆったり取って訪れたい。

33

2つの浴室で味わう巨匠の世界観

大正屋

本館の外観

1925（大正14）年 創業、本館は1974年完成、「四季の湯」は1986年

［所在地］佐賀県嬉野市嬉野町下宿乙2276-1
［交通］JR嬉野温泉駅から車で約5分
［日帰り入浴］「四季の湯」は可（「滝の湯」は宿泊者専用）
［公式サイト］https://www.taishoya.com/

［設計］吉村順三設計事務所（本館、四季の湯）
［施工］竹中工務店（本館、四季の湯）
［構造・階数］鉄骨鉄筋コンクリート造（本館）、鉄筋コンクリート造・鉄骨造（四季の湯）、地下2階・地上7階（本館）、地下1階・地上4階（四季の湯）
［延べ面積］4416.7㎡（本館）、1万435㎡（四季の湯）

　2022年に九州新幹線が延伸され、アクセスが便利になった嬉野温泉。温泉街を代表する宿の1つが創業100年の老舗旅館「大正屋」だ。現在の本館（1974年）、離れ（1978年）、大浴場「四季の湯」（1986年）、東館（1990年）は、建築家の吉村順三（1908〜1997年）が15年以上にわたって増改築を行ったものだ。吉村は皇居新宮殿の設計にも関わった昭和を代表する建築家の1人。巨匠ではあるが、その空間は威圧感がなく、心地いい。

　浴室は2カ所にある。日帰り入浴ができる「四季の湯」は植物園のようなガラス張り大空間。下階が男湯、上階が女湯だ。天井の一部は開閉式。もう1つ、本館地下にある「滝の湯」は宿泊者専用。こちらは比べ物にならないほど小さいが、横長のガラス窓から見える庭の光景に「なるほど！」と声が出てしまう。ぜひ宿泊して体験してみたい。

吉村が設計した離れの和室。筆者が泊まったのは本館の洋室
（写真提供：大正屋）

ナイトラウンジ（写真提供：大正屋）

湯MEMO　本館建て替え前は2階に展望風呂があったが、周囲の旅館が高層化され、隣の外壁が間近に見えていた。吉村は建て替えにあたり、風呂を地下1階に置き、谷底のような庭と一体化するところから計画を始めたという。さすが吉村！

日帰り入浴できる「四季の湯」。植物園のよう（写真提供：大正屋）

本館の地下にある「滝の湯」。庭の滝と連続して見える。こちらは宿泊者専用（写真提供：大正屋）

嬉野温泉の「大正屋」は、ずっと入ってみたかった憧れの湯だ。
設計したのは昭和の巨匠の1人、吉村順三。
写真を見るとコワモテだが、モダニストには
珍しい"ほっとする空間"の名手だ。

JUNZO
YOSHIMURA
1908-1997
「皇居新宮殿」(1968)
の設計にも関わった。

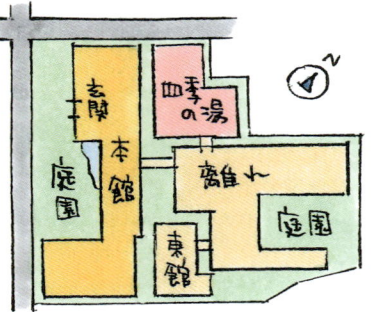

大正屋には2つの大浴場がある。
敷居が低いのは、大きい方の
「四季の湯」。こちらは日帰り
入浴が可能だ。

2階にある男湯は
こんな感じ。→

予想外の大空間
最高!!

……と、
満足して漬かって
いたのだが、あとで
吹き抜けの上に女
性湯があったと
知って、びっくり。
↓

四季の湯

かつては、屋根
が開閉した

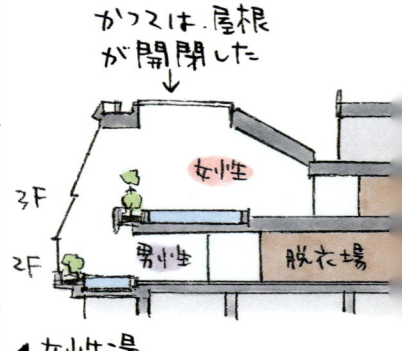

3F
2F
女性
男性
脱衣場

◀女性湯
（写真を参考に描きました）

もう1つの大浴場「滝の湯」は本館の地下にあって、こちらは宿泊者でないと入れない。「四季の湯」よりもかなり小さく、そして古い。（滝の湯は1974年、四季の湯は1986年）

← 枚に囲まれたこの下にある。

だが、入るとすぐにわかる。吉村の真骨頂はこっち!!!

滝の湯

およ、これぞ吉村ワールド!

屋外の池と浴槽の水面を同じ高さにして、庭園と連続しているように見せる。

池にコイ!

杉縁甲板

浴室の天井は低く抑えられ、和室から庭を眺めるかのよう…。

1470mm

おちつくー

赤みかげ石

窓際のゆったりしたフチが縁側みたいで落ちつく。

おちつくー

34

水平線を強調する5段の大浴場

別府温泉 杉乃井ホテル 棚湯

1944 年開業、「棚湯」は 2003 年完成、2023 年リニューアル

［所在地］大分県別府市観海寺 1
［交通］JR 別府駅からタクシー・シャトルバスで約 10 分
［日帰り入浴］可
［公式サイト］https://suginoi.orixhotelsandresorts.com/

［設計］大成建設（2003 年棚湯新築）、丹青社（2023 年リニューアル）
［施工］大成建設（2003 年棚湯新築）、丹青社（2023 年リニューアル）
［構造・階数］鉄筋コンクリート造、地下 1 階・地上 1 階
［延べ面積］約 1300 ㎡（棚湯エリアのみ）

棚湯の外観
（写真提供：別府温泉 杉乃井ホテル）

　「別府温泉 杉乃井ホテル」は 1944 年に開業した老舗ホテル。高度経済成長期に徐々に規模を拡大し、別府を代表する大型リゾートに。2002 年にオリックス不動産が取得し、2008 年からオリックスグループの運営となった。

　刷新の目玉となったのが「棚湯」だ。5 段から成る浴槽を棚田状に広げた展望露天風呂。晴れた日には別府湾の水平線の向こうに四国佐田岬まで見渡すことができる。実際の水平線を段状の水面によって強調する見せ方は、設計・施工を担当した大成建設のアイデアだ。

　棚湯の東隣には水着で入れる屋外型温泉「アクアガーデン」（2010 年完成）がある。2023 年に開業した「宙館」の最上階には、海抜約 250 ｍの高さから絶景浴を楽しめる「宙湯（そらゆ）」が誕生。2025 年 1 月には建設中の「星館」が完成し、2019 年から続いていた大規模リニューアルが完了する。

露天エリアの一角は 2023 年にリニューアルされた（写真提供：別府温泉 杉乃井ホテル）

サウナからも別府湾が見える（写真提供：別府温泉 杉乃井ホテル）

湯MEMO 棚湯は杉乃井ホテルの中心に位置するエンタメゾーン「杉乃井パレス」の核となる施設。かつてのスギノイパレスは、ガラスドームのジャングル風呂で名を馳せた。当時の写真と見比べると、日本人の温泉観の変化が懐かしい。

3段目の露天（三の湯）が最も幅が広く雄大。早起きすれば水平線の朝焼けも（写真提供：別府温泉 杉乃井ホテル）

棚湯の夕景（写真提供：別府温泉 杉乃井ホテル）

「インフィニティ風呂」はそれほど珍しくなくなったが、
この風呂のインパクトは今でもすさまじい。

その名は、「棚湯」。

「こう
来たか」

「棚田」をイメージした段状の浴槽が、海への広がりを強調する。

別府湾を見下ろす丘の上にある「別府温泉 杉乃井ホテル」だ。

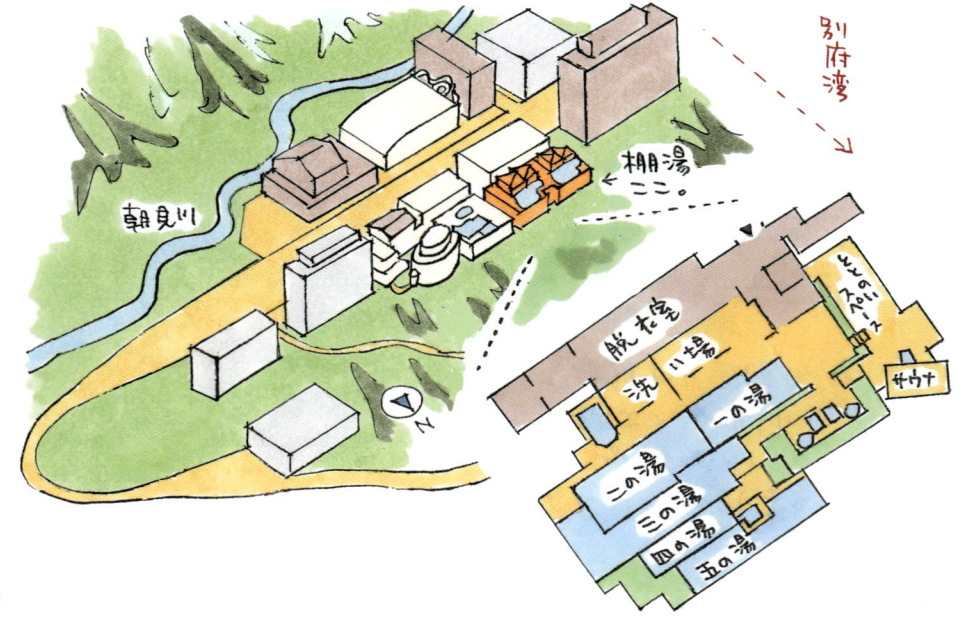

別府湾

棚湯
ここ。

朝見川

脱衣室

洗い場

一の湯

二の湯

二の湯

三の湯

四の湯

五の湯

とどのスペース

サウナ

杉乃井ホテルは、1944年創業。
高度経済成長期に業績を伸ばし、
別府一の巨大ホテルとなった。
かつての目玉は、「ジャングル風呂」。→

しかし、これが老朽化した
ため設計コンペが行われ、大成建設のデザインにより
2003年に実現したのが、この棚湯だ。※

後の展望露天風呂に大きな
影響を与えたことは
間違いない。

※ 2023年に丹青社の設計・施工で
一部をリニューアル

断面図。→
見晴らしの良さ
がわかるだろう。

別府湾

屋根の下の浴槽も落ち着く。

寝湯に漬かっていると
帰りたくなくなる！

一生、ここ
にいたい…

35

童話のような川岸の洋館温泉

温泉療養文化館 御前湯

童話のような川側の外観

昭和初期開業、現施設は1998年完成

［所在地］大分県竹田市直入町長湯7962-1
［交通］豊後竹田駅より車で25分
［日帰り入浴］可
［公式サイト］https://www.gozenyu.com/

［設計］象設計集団
［施工］利根建設
［構造・階数］鉄骨鉄筋コンクリート造、3階
［延べ面積］1138.81㎡

炭酸濃度と湧出量の豊富さなどから「世界屈指の炭酸泉」といわれる大分県の長湯温泉。「御前湯」は、直入町（2005年に竹田市と合併）が長湯温泉の新たなシンボルとして1998年に建設した共同浴場だ。設計は「名護市庁舎」などで知られる象設計集団で、富田玲子氏が中心になった。

長湯温泉には江戸時代に岡藩の普請による湯屋がつくられ、昭和初期にはバルコニーのある洋館風の「御前湯」が建てられた。長湯温泉が温泉治療学の先進地であったドイツと交流していたこともあり、平成の御前湯は童話のようなドイツ風3階建てとなった。

大浴場は川面に近い1階と最上階の3階にあり、異なる温度の3つの源泉を楽しめる（1階は47.2℃と29.9℃、3階は48.1℃）。広間の休憩室や喫茶室、マッサージ室、テラスなど、入浴後のリラックススペースも充実。

階段室もファンタジック

湯MEMO　炭酸泉はその名の通り、炭酸ガスが豊富に含まれた温泉。炭酸ガスは体内に吸収されると毛細血管を拡張し、血行を促進する。飲むと胃腸の働きも活発になるそうで、「飲泉」する人も。温泉街の数カ所に飲泉所あり。

3階の大浴場（写真提供：竹田市）

1階の大浴場。3階大浴場と男女入れ替え制（写真提供：竹田市）

この外観を見たら
大抵の人はこう思うだろう。
ジブリパーク？

いや、これは架空の建築ではなく、
長湯温泉（大分）にリアルに存在
する「御前湯」だ。

1998年、象設計集団の設計で完成した
共同浴場。デザインは、ドイツ風の洋館
だった昭和御前湯の流れを汲む。

あれ、
普通…

川の断崖にあり、入口側
（北）から見ても外観の
すごさがわからない。
ぜひ川上（南）から見たい。

入口

芹川

N

メリロは2階にある。建築好きは
大浴場に向かうこの階段を見る
だけでノックアウト。

ひょおー

メリロ
事務室
喫茶室
体験室
2F
テラス
3F

大浴場
脱衣室
サウナ
マッサージ
露天風呂
テラス

N

3階の大浴場は.
六角天井の真下に
六角浴槽。壁は
青く.空の上のよう。

サウナ
脱衣室
大浴場
1F
家族風呂

露天風呂
の開放感
がすごい。

もう1つの大浴場は1階(入れ替え制)。こちらは
川岸に湯が湧いたかのような有機的配置。

露天へ

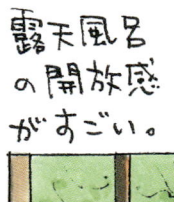

ほぼ
川…

異なる温度の3つの
源泉があり.これは
29.9℃の「冷泉」。

飲んでも来かく.との2と。

36

プチプチ泡を楽しむ茶室的入浴

ラムネ温泉館

外観。左側が大浴場。
右は貸し切りの家族湯棟

2005年開業

［所在地］大分県竹田市直入町大字長湯 7676 - 2
［交通］豊後竹田駅より車で 25 分
［日帰り入浴］可
［公式サイト］https://lamune-onsen.co.jp

［設計］藤森照信＋入江雅昭（IGA 建築計画）
［施工］佐伯建設
［構造・階数］木造＋鉄筋コンクリート造、地上 2 階
［延べ面積］426.28 ㎡

「ラムネ温泉」の名前の由来は、時代小説「鞍馬天狗」で有名な作家・大佛次郎（1897〜1973 年）だ。大佛が長湯温泉の炭酸泉を体験し、紀行文の中で「手でこすり落としても気泡はあとからあとからくっつく。まるでラムネの湯だね」と表現した。

芹川のほとりで新たに発見された炭酸泉は、湯量は少ないものの、プチプチとラムネのような気泡がつく湯だった。これを活用する施設を 2005 年に「ラムネ温泉館」として整備すると、建築のユニークさもあり、全国から人を呼ぶ人気施設に。設計を担当したのは建築史家で建築家でもある藤森照信氏だ。

藤森氏は湯量の少なさを逆手にとり、茶室のような浴室を設計した。狭い脱衣所で衣服を脱ぎ、低い入り口をくぐって浴室に入る。浴槽で体を温めた後は、露天風呂で体中が泡になるまでゆったり。ここだけの体験だ。

犬の猫好きであった大佛次郎にちなんで、猫も一緒にお出迎え。建物の外壁は、焼きスギを隙間を空けて張り、間にしっくいを塗った。藤森建築でおなじみのシマシマ外壁は、この建築が最初だ

湯MEMO 待合室の 2 階には、無料で入れる美術館がある。長湯温泉と縁が深い高田力蔵画伯の風景画や、川端康成の書などを展示。2 階に上ると、ラムネ温泉館全体を見渡すことができるので（右ページ下の写真）、忘れずに上ろう。

男湯の浴室内（写真：藤森照信）

2階の美術館から見下ろす

唯一無二の建築を生み出す藤森照信が設計した「ラムネ温泉館」。

TERUNOBU
FUJIMORI
1946−

ファンタジーのようなシマシマ
外壁と、トンガリ屋根の
上の"一本松"に目を
奪われる。

芹川

入り口

が、本領発揮は
浴室だ。まずは、腰を思いっ切りかがめない
と入れない入り口に心をつかまれる。

まるで
茶室…

入り口を小さくしたことで天井高が
強調される。白一色の壁・天井は、
上部で男女がつながり、そこから光
が差す。ル・コルビュジエの教会のよう。

荘厳

壁にキラキラ光る装
飾は何? よく見ると
貝殻（アコヤ貝）だった。

脱衣室 女子浴室 男子浴室 脱衣室

露天風呂 露天風呂

地名の通り "長湯" する
なら露天風呂に。
「ラムネ」の意味がわかる。

女子浴室の装飾
は金箔とのこと。

シュワ
シュワ

そっちも見てみたかった…。

37

光差す天井に浮かぶヒノキ丸太

クアパーク長湯

温泉棟の外観。左方向に歩行湯が延びる

2019年開業

[所在地] 大分県竹田市直入町長湯 3041-1
[交通] JR豊後竹田駅からタクシーで約20分
[日帰り入浴] 可
[公式サイト] https://kur-nagayu.co.jp

[設計] 坂茂建築設計
[施工] 森田建設 ※（※はクアハウス、以下同）
[構造・階数] 鉄骨造・一部木造 ※、地上 2 階 ※
[延べ面積] 668.6 ㎡ ※

　湯けむり建築の"激戦区"ともいえる大分県竹田市・長湯温泉に、2019年に開業した温泉療養複合施設だ。温泉棟、レストラン、宿泊棟で構成される。いずれも建築家の坂 茂氏が設計した。

　温泉棟は1階が水着で入るバーデゾーンで、2階が男女別の内湯。施設の目玉は、1階屋外に伸びる歩行湯。往復100mの細長い歩行湯は、浅い・深いゾーン、足ツボゾーン、寝湯ゾーンなど変化に富んでおり、途中2カ所の露天風呂からは芹川がよく見える。

　建築好きはむしろ内湯だろう。ドーム状の膜屋根を支える木造架構は、ヒノキの丸太を井桁状に組んだレシプロカル構造（もたれ合いの構造）。支えているというより、光の中に浮いているよう。基本の4本ユニットを時計回りに組んだり、反時計回りに組んだりすることで、緩やかな屋根面の起伏をつくり出している。

上空から見た全景。白い膜屋根部が温泉棟、左に伸びるのが歩行浴。右手前は宿泊棟（コテージ）（写真提供：クアパーク長湯）

往復で100mの歩行浴（水着着用）（写真提供：クアパーク長湯）

湯MEMO　温泉棟以外の2棟もユニークな構造。レストラン棟の柱は、紙管の中に木材を差し込んだもの。宿泊棟（コテージ）には、紙のハニカムパネルを構造用合板で挟んだ「PHP」を使用している。

歩行浴の途中にある露天風呂（水着着用）（写真提供：クアパーク長湯）

温泉棟1階の運動浴エリア（水着着用）。レシプロカル構造のヒノキ丸太は、光の中に浮いているよう（写真提供：クアパーク長湯）

この施設が完成したとき、坂茂は建築専門誌に「長湯温泉エリアは温泉施設建築激戦区」だと書いている。そう、長湯には「御前湯」と「ラムネ温泉」がすでにあった。その激戦区に、坂はこんなユニークな施設で攻め入ってきた。

SHIGERU BAN
1957—

屋外のランドスケープを見ながらお湯の中を歩く"歩行浴"だ。（水着着用）

芹川

露天風呂

寝湯

N

歩くだけだと飽きてしまいそうだが、途中に寝湯があったり、川の見える露天風呂があったりで、気分が変わる。

すごい景色…

坂茂といえば、独特の木造架構。空間の目玉は「運動が浴」の天井。

露天風呂
運動浴
多目的ホール
サウナ

直径9cm、長さ1.8
mの丸太を井桁行
状に組んだレシ
プロカル構造だ。
↳ もたれあい
の構造

レシプロカル

これに
似てる？

2階の内湯
（水着なし）からも
見える。

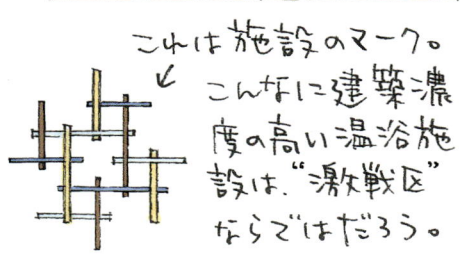

これは施設のマーク。
↳ こんなに建築濃
度の高い温浴施
設は、"激戦区"
ならではだろう。

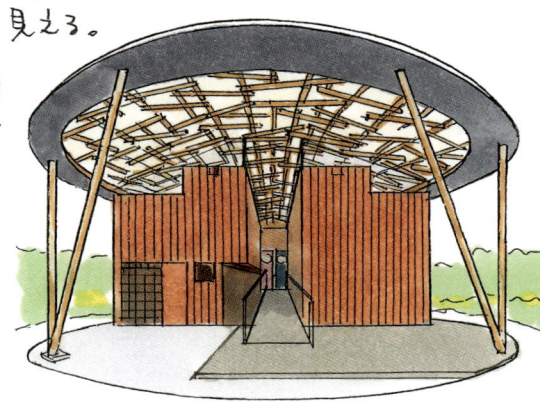

38

「重ね透かし梁」が導く地域風呂

神水公衆浴場
<small>くわみず</small>

銭湯の入り口。住宅の入り口もここ

2020年開業

[所在地] 熊本県熊本市中央区神水 2-2-18
[交通] 熊本市電停・神水交差点から徒歩 5 分
[日帰り入浴] 可
[公式サイト（X）] https://x.com/kuwamizu_sento

[設計] 西村浩／ワークヴィジョンズ
　　　　＋竹味佑人建築設計室＋黒岩構造設計事ム所
[施工] たねもしかきも、ツカモトコウムテン他
[構造・階数] 木造、地上 2 階
[延べ面積] 193.96㎡

　「神水公衆浴場」は2020年に新規開業した銭湯だ。「神水」は町名で、地下水に恵まれた熊本のなかでも、昔から湧水の多い場所だという。経営するのは、構造設計者でもある黒岩裕樹氏。生まれ育った神水に銭湯を開業したきっかけは、2016年に発生した熊本地震。黒岩氏が暮らしていたマンションが地震で大規模半壊。黒岩家も地元の人たちも、なかなか風呂に入れず、銭湯が地域の防災拠点であることを再認識。自宅併設の銭湯を建てた。

　設計は建築家の西村 浩氏らとともに進めた。目を引くのは入り口の軒裏から浴室へと続く「重ね透かし梁」。伝統的な構法を応用し、細い木材を重ねることで構造を強化した。2階は住宅なので入れないが、外からも見えるカマボコ型の屋根がかわいい。これはCLT（直交集成板）を木の桶のようにかみ合わせて曲面状にしたもの。構造家ならではの自邸だ。

浴室内（写真：黒岩裕樹）

湯MEMO　浴室の壁には八代出身のイラストレーター・yone氏による、神水の町をイメージした絵が描かれている。ギザギザの壁面の片側だけにあり、浴槽に漬からないとよくわからない。広くない浴室を楽しむための仕掛けだ。

廃業する銭湯は少なくないが、新設される銭湯は珍しい。「神水公衆浴場」は2020年、熊本市に新規開業した銭湯だ。

建て主は構造家の黒岩裕樹。2階が黒岩の自宅で、1階が銭湯。ドーム状の屋根と、歩道からやや奥まった入口が街にやさしい。

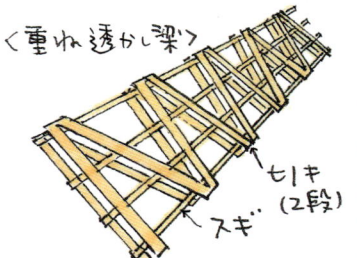

温泉マークののれんと、1階天井の木造架構が中へといざなう。
（重ね透かし梁）

ハート
フル♥

〜〜〜

＜重ね透かし梁＞

ヒノキ（2段）
スギ

重ね透かし梁は番台を越えて、浴室へと続き、男湯と女湯をつなぐ。車側のハイサイドから差し込む光が木材の陰影を強調。小さくても記憶に残る空間だ。

カコ
ーーン

木が
落ちつく…

子ども
たち

39

手のひらに包まれた地下大浴場

ホテル京セラ

本館の外観。ブリッジを渡ると2001年に
竣工したアネックスがある

1995 年開業

［所在地］鹿児島県霧島市隼人町見次 1409-1
［交通］JR 隼人駅から徒歩で約 15 分
［日帰り入浴］可
［公式サイト］https://www.h-kyocera.co.jp

［設計］黒川紀章建築都市設計事務所
［施工］大成建設
［構造・階数］鉄骨造・一部鉄骨鉄筋コンクリート造、
　　　　　　　地下 2 階・地上 13 階
［延べ面積］2 万 5555.23 ㎡

　鹿児島空港に近接した霧島市隼人町に
1995 年に開業した「ホテル京セラ」。創業者は、
「経営の神様」と呼ばれた稲盛和夫（1932〜
2022 年）だ。地元の人は「稲盛さんのホテル」
と呼ぶという。設計したのは世界で活躍した黒
川紀章（1934〜2007 年）。「両手の手のひらで
優しくモノを包む」という稲盛のアイデアをも
とに、黒川は楕円形の吹き抜けを囲む筒状の
タワーをデザインした。楕円の吹き抜けの一方
の端はエレベーターコアで、もう一方の端は大
きなガラス面を通して雄大な風景を眺めること
ができる。

　温泉大浴場は地下１階にある。カーブを描
くガラス開口の外には土手のような石庭が広
がり、明るい。実はこの部分、当初は池で、
土手の部分に滝が流れていた。両手で受け止
めた愛の泉、というイメージを頭に浮かべなが
ら湯に漬かろう。

本館の吹き抜けの見上げ

地下でも明るい温泉大浴場（写真提供：ホテル京セラ）

湯MEMO 　霧島市に行くなら、建築好きは「霧島アートの森」（2000 年、設計：早川邦彦）と「霧島国際音楽ホール」（1994 年、設計：槇 文彦）にも寄りたい。古建築では「霧島神宮の社殿」（1715 年）が国宝だ。

数多くの建築を残した黒川紀章だが、温浴施設は少ない。ずっと行きたかった南霧島温泉の「ホテル京セラ」へ。

KISHO
KUROKAWA
1934 - 2007

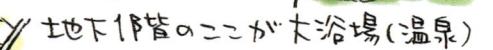

地下1階のここが大浴場（温泉）

洗い場のガラス間仕切りが黒川紀章っぽい。洗い場だけで建築家がわかるのは初めて。

洗い場が紀章節！

なるほどこう来たか

円弧状に掘り込まれた庭を、湯に浸かりながら眺める趣向。

Now

石庭

斜面には、川を上る魚の絵。なぜ？調べてみると、当初は→滝だった。黒川ファンは想像しながら入ろう。

Before

池

妹島和世「Spring」（2016年）

　建築家の妹島和世氏は、2016年に開催された「茨城県北芸術祭」で、直径約10mの円形の水盤を茨城県大子町浅川の原っぱに制作した。「Spring」と命名されたこの作品は、ミニマルなアート作品に見えるが、水盤の中身は水ではなく、温泉。つまり足湯施設だった。

　かつて温泉地であった旧浅川温泉の源泉を使用。水盤は中心に向かうほど深くなっており、一番深いところで30cm程度。中央付近では、芸術祭の参加アーティストである落合陽一氏による、川のせせらぎを用いたサウンドアートが聞こえる仕組みだった。

これは常設にしてほしかった…。世界の妹島和世による円盤型足湯。

当時、雑誌で
「Spring」というタイトルを見て
「春」だと思っていた。「Hot Spring（温泉）」だったのか。

〈断面〉

厚さ10mm、直径10m、曲率半径42mのアルミの皿。
アルミの鏡面と湯面がそれぞれ風景を映す。
湯の中の椅子ももちろん妹島デザイン。絵になる！

PART 3.

♨

東へ、北へ

なんと絵に
なることよ！

40

工芸のような壁を露天から眺める

中国割烹旅館 掬水亭
きくすいてい

1990年開業

［所在地］埼玉県所沢市山口 2942
［交通］西武多摩湖線山口線（レオライナー）・西武園ゆうえんち駅から徒歩1分
［日帰り入浴］可
［公式サイト］https://www.seibu-leisure.co.jp/hotel_web/index.html

［設計］池原義郎・建築設計事務所
［施工］西武建設
［構造・階数］鉄筋コンクリート造、地下1階・地上6階
［延べ面積］7010.35㎡

池原義郎の真骨頂ともいえる
繊細な鉄骨格子の外観

　埼玉県所沢市の西武園ゆうえんちやベルーナドームのすぐ隣、多摩湖畔に立つ6階建ての割烹旅館だ。設計したのは建築家で早稲田大学教授の池原義郎（1928〜2017年）。繊細かつ優美なデザインを得意とし、西武グループの多くの施設を設計した。ここでは、自身が設計した遊園地の隣に「ある種の品格をもつ」とともに「透き通った」建築を目指したと完成時に語っている。

　日帰り入浴もできる大浴場は1階と2階にある。温泉ではないが、所沢の茶園「新井園本店」の狭山茶を配合した天然色素オリジナルバスパウダー入りの湯舟「狭山の茶湯」がうれしい。2階の展望風呂は多摩湖が見える。1階は目隠しの壁で多摩湖はチラリとしか見えないが、露天風呂に出ると、池原による工芸品のような外壁を見上げることができる。時間帯により男女入れ替え制。

多摩湖が見える2階の大浴場（写真：中国割烹旅館 掬水亭）

最上階のレストラン「天外天」の天井

湯MEMO　日帰り入浴の人も、ぜひ最上階の中国料理レストラン「天外天」で食事を。多摩湖の絶景と、池原による三角天井の美しさを眺めながら食事ができる。窓際席の流線形のテーブルにも注目。

多摩湖畔に立つ中国割烹旅館「掬水亭」。

建築家・池原義郎の代表作の1つ。調べてみると、大浴場がある！

1階の大浴場では、立っていると湖が見えるが、浴槽に漬かると見えない。

あれ、見えない

あ

美しい…

露天風呂でも湖は見えないが、もっといいものが見えた！

←それは、池原の真骨頂ともいえる繊細な鉄骨格子。

サウナ

屋外

この浴槽の形って「ここから見よ」ということなのでは？

41

迷宮の味わいを増すヒノキの曲面

まるほん旅館 風呂小屋

江戸初期創業、風呂小屋は 2015 年完成

[所在地] 群馬県吾妻郡中之条町大字上沢渡甲 2301
[交通] JR 中之条駅からバスで約 25 分、沢渡バス停下車
[日帰り入浴] 不可
[公式サイト] https://sawatari.jp/

[設計] 久保都島建築設計事務所※
[施工] 安松託建※
[構造・階数] 木造、地上 2 階※
[延べ面積] 40.98 ㎡※
※は風呂小屋

中央左の板張り部分が風呂小屋。
手前は大浴場

　まるほん旅館は群馬県の沢渡温泉で 400 年近く続く老舗旅館だ。現在の主人は元銀行マン。後継者がおらず廃業寸前だった宿を脱サラして引き継いだ。以前からある別棟の大浴場（湯小屋）も味わい深いが、ここで取り上げたいのは 2015 年に完成した小さな風呂小屋だ。

　設計者は久保秀朗氏と都島有美氏が共同主宰する久保都島建築設計事務所。大規模な建て替えも検討したが、設計者は「増築を重ねたことによる無秩序な構成がかえってこの旅館の魅力になっている」と考え、複雑さを強化する新たな個性を加えることを選んだ。

　建物は単純な切妻型だが、断面図を見ると曲面の床によって 1 階の浴室と 2 階の湯上がり処が斜めに分割されている。浴室では、ヒノキ板の曲面に沿って、換気扇を使わずに空気が流れ、拡散された光が湯船を輝かせる。基本は婦人風呂だが、時間制で男性も入れる。

風呂小屋 1 階の浴室。コンピューターの CFD 解析を駆使して設計した（写真：ナカサアンドパートナーズ）

湯MEMO

沢渡温泉は、近くにある草津の強酸性の湯で荒れた肌を整える「仕上げ湯」として古くから知られてきた。柔らかな肌触りが特徴。まるほん旅館のすぐ横には地元に根付いた「沢渡温泉共同浴場」がある。

本書では"最小"の部類に入る
「まるほん旅館」の風呂小屋。
西側の一角、わずか6坪ほど
を2015年に建て替えた。

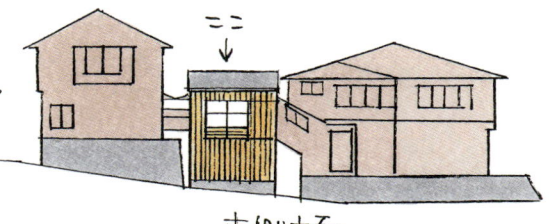

南側立面

小さいけんど、実によく
考えられている。特に、この
断面。↳

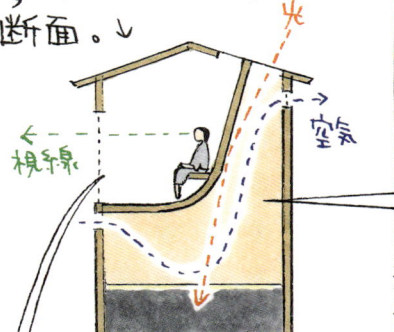

光
空気
視線

浴室は、板張りの
天井がめくり上がる
ように急上昇。差し
込む光が神々しい。▶

いい上昇感

いい傾き

▶上階は景色を見ながら一息つく「湯上がり
処」。東西の客室棟をつなぐ通路も兼ねる。

既存の大浴場
も、見たことのな
い立体的なつ
くりで面白い!

42

御所も手掛けた建築家の展望浴場

国民宿舎 鵜の岬

外観。曲面の屋根が並ぶ最上階に大浴場がある

1971年開業、現施設は1997年完成

[所在地] 茨城県日立市十王町伊師640
[交通] JR十王駅から無料送迎バスもしくはタクシーで10分
[日帰り入浴] 不可
[公式サイト] https://www.unomisaki.com/

[設計] 茨城県土木部営繕課、内井昭蔵＋内井昭蔵建築設計事務所
[施工] 熊谷・鈴縫JV
[構造・階数] 鉄骨造・鉄筋コンクリート造・一部PC造、地上8階
[延べ面積] 1万458㎡

茨城県日立市の国民宿舎「鵜の岬」は、国民宿舎の中で断トツナンバーワン人気を誇る、知る人ぞ知るリゾート施設だ。1989年度から35年連続で公営国民宿舎の宿泊利用率1位を堅持している。

現施設を設計したのは、「世田谷美術館」や「吹上御所」などを手掛けた建築家の内井昭蔵（1933～2002年）。"健康な建築"を提唱したことでも知られる。もともとは1971年に開業した国民宿舎（設計：阿久井喜孝ほか）があったが、老朽化が進んだことから、1997年に内井の設計で建て替えた。8階の展望温泉大浴場や、別棟の円形レストランが人気を後押ししている。

大浴場は、太平洋が一望できるパノラマ風呂。ガラス窓に面して浴槽が細長くのびる。東側にある女湯は朝日、西側にある男湯は夕日がお薦め。サウナでも小窓から海が見える。

レストラン。PCの架構が美しい

8階の女湯 (写真提供：国民宿舎 鵜の岬)

湯MEMO

日帰りでもランチは食べられるが、展望温泉の日帰り利用はできない。日帰り客用の温浴施設は、隣に立つ「日立市鵜来来 (うらら) の湯 十王」(2001年オープン)。こちらも人気施設だが、内井昭蔵の設計ではない。

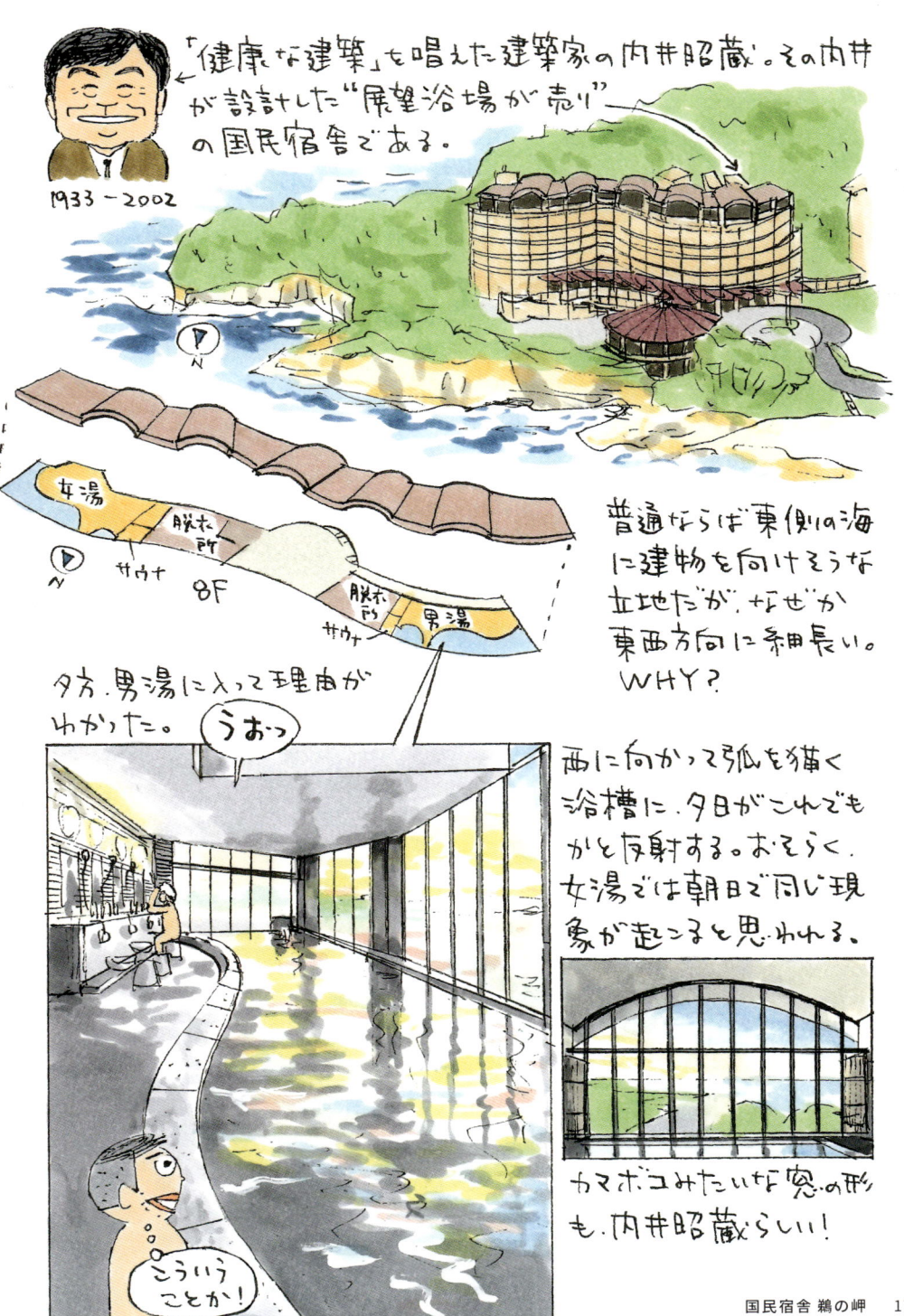

「健康な建築」を唱えた建築家の内井昭蔵。その内井が設計した"展望浴場が売り"の国民宿舎である。

1933〜2002

女湯
脱衣所
サウナ
8F
脱衣所
サウナ
男湯
N

普通ならば東側の海に建物を向けそうな立地だが、なぜか東西方向に細長い。WHY？

夕方、男湯に入って理由がわかった。

うおっ

西に向かって弧を描く浴槽に、夕日がこれでもかと反射する。おそらく、女湯では朝日で同じ現象が起こると思われる。

カマボコみたいな窓の形も、内井昭蔵らしい！

こういうことか！

43

全長60ｍの木造足湯回廊

塩原温泉湯っ歩の里

切妻の建物が入り口のある「歌仙堂」。
両脇に「歩廊」が伸びる

2006年開業

［所在地］栃木県那須塩原市塩原602-1
［交通］JR那須塩原駅からバスで約60分、塩原畑下下車徒歩4分
［日帰り入浴］可
［公式サイト］https://yupponosato.com/

［設計］杉本洋文（東海大学杉本洋文研究室）＋計画・環境建築
［施工］万・君島・扇屋特定建設工事共同企業体
［構造・階数］木造・鉄筋コンクリート造、地上2階
［延べ面積］860.12㎡

　全長60ｍの「日本最大級の足湯」。年間6万人が訪れるという。塩原温泉郷の「開湯1200年記念事業」として、2006年に開業した。設計したのは、現代木造の第一人者ともいえる建築家の杉本洋文氏だ。

　足湯施設は「歩廊」「歌仙堂」「足湯回廊」の3つの木造建築で構成される。それぞれ屋根の形状と空間特性に合わせた異なる架構システムで計画した。

　外観のシンボルとなる歌仙堂は、2層の大屋根をクロススクリーンの木組み架構で支えた軽快な空間。上階はエントランスとホール、下階は管理運営施設と休憩展望兼舞台で、吹き抜け空間によって一体化されている。足湯回廊は、「鏡池」を囲む楕円形の回廊空間。外側は通路として、内側に足湯槽を設け、床にはさまざまな指圧効果の仕上げを施した。サッシを開放すると外部空間と一体となる。

歌仙堂の2階。1階に下りると「足湯回廊」がある

足湯回廊。全長60ｍの楕円形状

　湯MEMO

鏡池の北側の「湯池」では、時折、大きな音を立てて間欠泉が噴き出す。その東側には、源泉から直接引湯した温泉の飲泉が体験できる「飲泉堂」があり、これも杉本洋文氏の設計。

「足湯」というと、5〜6人でちょこっと入るイメージだが、何だこの巨大さは!? 那須塩原市の「湯っ歩の里」。設計したのは、現代木造の先駆者、杉本洋文(1952〜)。

入り口の切妻屋根の棟にほとんど機能がないことに驚く。「とにかくここは木造を見よ」という潔さ。

主役の足湯回廊はこんな光景が60m続く。

のんびり座っていても、がんがん歩いても可。(足ツボあり)

ループの切れ目(北側)には間欠泉があり、ごう音とともにお湯が吹き出す。この施設はコスパが高い!

44

雪景色も見たいモダン日帰り温泉

越後妻有交流館 明石の湯

「雪の水平線」を意識したシンプルな外観

2003 年開業

[所在地] 新潟県十日町市本町六の一丁目 71-26
[交通] JR 十日町駅から徒歩 10 分
[日帰り入浴] 可
[サイト] https://www.echigo-tsumari.jp/travelinformation/akashinoyu/（大地の芸術祭）

[設計] 原 広司 + アトリエ・ファイ建築研究所
[施工] 丸山・村山特定共同企業体
[構造・階数] 鉄筋コンクリート造・鉄骨造・鉄骨鉄筋コンクリート造、
　　　　　　 地上 2 階
[延べ面積] 6903㎡

　新潟県の越後妻有地域で開催される現代アートの祭典「大地の芸術祭」。その "作品" のひとつとして 2003 年、「越後妻有交流館」は十日町市に建設された。設計者は「梅田スカイビル」や「京都駅ビル」を設計した建築家の原 広司氏だ。

　「明石の湯」は現代美術館と並ぶ形で越後妻有交流館内に設けられた日帰り温泉。黒を基調とした「かすり浴室」と赤を基調とした「ちぢみ浴室」がある（男女日替わり）。どちらも現代的なデザインで、天井の構造部材の見せ方などがいかにも原広司流。南側の庭には露天風呂がなく、外気浴に徹しているのも潔い。

　ここまで来たなら、建築も併せて味わいたい。目玉は正方形の池を囲む回廊。外観はコンクリート打ち放しで素っ気ないが、原氏は「雪の水平線」をつくろうと考えたと語っている。回廊も含め、冬も見たくなるデザインだ。

ちぢみ浴室（写真提供：越後妻有交流館 明石の湯）

正方形の池を望む回廊。レアンドロ・エルリッヒ「Palimpsest: 空の池」（写真：Kioku Keizo）

湯MEMO　明石の湯のエントランス近くで 2024 年 7 月から原 広司氏の作品が常設展示されている。1995 年に制作され、今回復元された「25 の譜面台－様相論的都市の記号場」。暗い部屋に置かれた 25 台の譜面台が明滅し、現代都市を表現する。

京都駅ビルや梅田スカイビルを設計した大建築家、原広司。
そんな原の浴室を体験できるのは、おそらくここだけでは？

「越後妻有交流
館」にある
「明石の湯」。

所々に京都駅っ
ぽいデザインが。

間違いなく
原広司！

庭側のガラス面
の上半分を乳白色
にして、木々の影を
映す。美しい。

影絵…

囲まれ感
がいい！

庭には露天風呂があると
思いきや、椅子でクールダウン
するだけ。でも、それがいい！

45

薪に導かれ自然に身を委ねる

Snow Peak FIELD SUITE SPA HEADQUARTERS

外観。軒裏の仕上げに、目が点になる

2022年開業

［所在地］新潟県三条市中野原 456-1
［交通］ JR燕三条駅からタクシーで約40分、「燕三条・下田アウトドアライナー」で約45分
［日帰り入浴］可
［公式サイト］https://www.snowpeak.co.jp/fieldsuitespa/hq/

［設計］隈研吾建築都市設計事務所
［施工］清水建設
［構造・階数］鉄筋コンクリート造、一部鉄骨造、地下1階・地上1階
［延べ面積］2187.07㎡

「Snow Peak FIELD SUITE SPA HEADQUARTERS」は、アウトドアブランドのSnow Peakが2022年、本社のある新潟県三条市に開業した温浴施設を中心とする複合型リゾート。設計は建築家の隈 研吾氏が担当した。

訪れると、誰もがまず外観に目を丸くするだろう。軒裏に何かが魚の群れのように浮いている。よく見ると薪だ。これはアウトドアに不可欠な焚火を象徴したもので、その数1万5000本。天井に浮かぶ薪は1階の受付やショップへと続く。隈氏は「通常の建築にはない『野生』を与えた」と表現する。

大浴場は日本三百名山のひとつである粟ヶ岳に向かって、大きなガラス窓を設けた。敷地の東側は斜面で、はるか先まで建物はない。そのため露天風呂にも外気浴スペースにも、目隠しの塀がない。「大自然に身を委ねる」というのはこういう体験をいうのだろう。

軒裏には計1万5000本の薪が浮かぶ

大浴場の内湯。屋内でも屋外のよう（写真提供：Snow Peak）

湯MEMO　新潟県三条市には、隈 研吾氏の設計で2022年に開館した三条市図書館等複合施設「まちやま」もある。カジュアルで開放的な空間構成と仕上げは、隈研吾節全開。ぜひ立ち寄りたい。

露天風呂（写真提供：Snow Peak）

外気浴スペース（写真提供：Snow Peak）

"眼下に建物のない斜面地"は、温浴施設をつくるのに絶好の敷地だ。スノーピークの「FIELD SUITE SPA HEADQUARTERS」があるのはまさにそんな敷地。

栗ヶ岳

普通に四角い建物を置いても絶景を得られるが、隈研吾はそうはしない。等高線に沿うように→こんな建物を置いた。

入口

N

B1F

機械室

ホワイエ

EV

女子ロッカー
男子ロッカー
男子スパ洗い場
風呂
デッキ

水風呂
サウナ
水風呂
露天
サウナ

水風呂
女子スパ洗い場
露天
デッキ

風呂

ここ

その結果、浴室はこんな形に。

男性露天風呂

露天風呂は、ギザギザの屋根で景色を切り取る。山並みを見るだけでなく、空にも視線が向かう。

一方、内湯は、水平のラインで景色を切り取る"王道"の見せ方。

山と空

サウナからも粟ヶ岳。

立地の良さに甘んじない"攻め"の建築だ。

この施設は軒裏の仕上げにも目が点になる。約1万5000本の薪が浮いてる!!

46

翼の膜屋根の下に名画の浴室

女川温泉ゆぽっぽ

外観。夕方になると、屋根を支える LVL
の格子が透けて見える

2015年開業

[所在地] 宮城県女川町女川 2-3-2
[交通] JR 女川駅直結
[日帰り入浴] 可
[公式サイト] http://onagawa-yupoppo.com/

[設計] 坂茂建築設計
[施工] 戸田建設
[構造・階数] 鉄骨造・一部木造（屋根）、地上 3 階
[延べ面積] 899.51 ㎡

　石巻駅から30分ほど石巻線に揺られると終点の女川駅。東日本大震災後の2015年に再建された駅舎は、日帰り温泉施設を併設した複合駅舎だ。建築家の坂 茂氏が設計を手がけ、ウミネコが羽ばたく姿をイメージした白い膜屋根の建物とした。

　駅舎の2階にあるのが「女川温泉ゆぽっぽ」。浴室の壁面には、日本画家の千住 博氏による「霊峰富士」や水辺で語らう鹿のタイル画が描かれている。天井の白い膜屋根を支えるのは、LVL（単板積層材）を格子状に組んだ籠のような構造だ。

　休憩所の壁面には「タイルアートプロジェクト」として、千住氏とデザイナーの水戸岡鋭治氏、町民による共作「家族樹」が設置されている。休憩所は海側、陸側とも大きなガラス面で見晴らしがよい。3階の展望デッキからも、女川の街と海を見渡すことができる。

2 階に向かう階段から休憩室を見る。建物全体が籠のような LVL
の格子に包まれる

湯MEMO　ゆぽっぽと女川湾の間にある駅前商業エリア「シーパルピア女川」は、建築家の東 利恵氏（208ページ参照）の設計。「レンガみち」がエリアの真ん中を抜けて一直線に海へと続く。冬にはその先端から太陽が昇るという。

浴室。半円の浴槽が白湯で、四角の浴槽が温泉。富士山のタイル画が男女の浴室を結ぶ（写真提供：女川温泉ゆぽっぽ）

タイル画が脱衣所へと導く（写真提供：女川温泉ゆぽっぽ）

駅併設でこれほど本格的な温浴施設は他にないのでは？津波で流された駅舎と、近くにあった温浴施設を一体で再建した「女川温泉ゆぽっぽ」。

JR石巻線

設計者は坂茂。
白い膜屋根は、羽ばたく
ウミネコをイメージしたという。

ウミネコの屋根は、中から
見上げると全く違う印象。
LVLのカゴのような構造
だ。浴室（2階）に向かう
途中でテンションが上がる。

そして、更衣室に入ろうとすると…

お〜

美しいタイル画が出迎える。

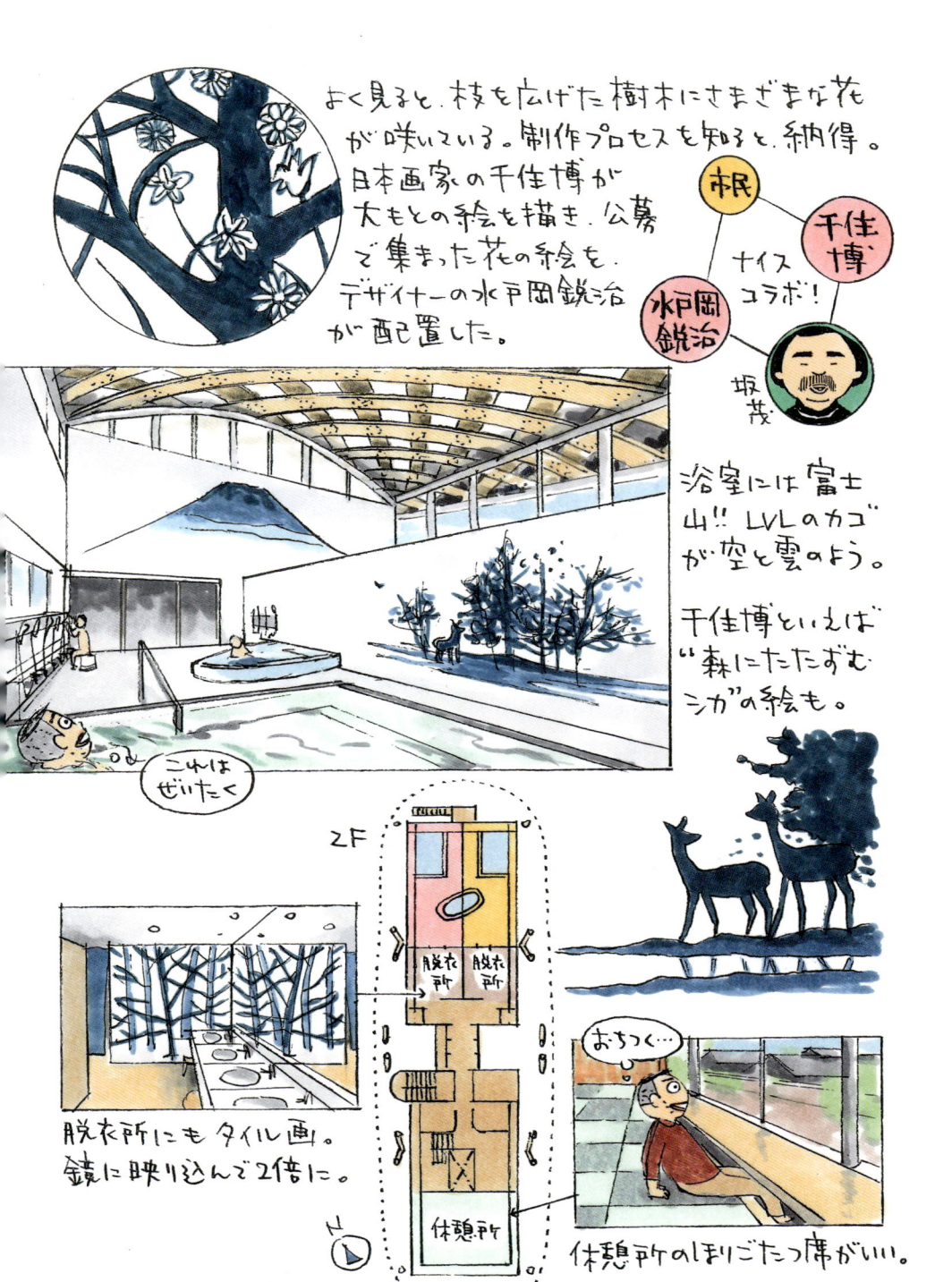

よく見ると、枝を広げた樹木にさまざまな花が咲いている。制作プロセスを知ると、納得。日本画家の千住博が大もとの絵を描き、公募で集まった花の絵を、デザイナーの水戸岡鋭治が配置した。

祇

千住博

ナイス
コラボ！

水戸岡鋭治

坂茂

浴室には富士山!! LVLのカゴが空と雲のよう。

千住博といえば "森にたたずむシカ" の絵も。

これはぜいたく

2F

脱衣所

脱衣所

休憩所

N

脱衣所にもタイル画。鏡に映り込んで2倍に。

おちつく…

休憩所のほりごたつ席がいい。

47

湯気の上に光が差す"遺跡"の湯

鳴子・早稲田桟敷湯（さじきゆ）

外観。不思議な造形と
強烈な黄色に必ず目が留まる

1998年開業

［所在地］宮城県大崎市鳴子温泉字新屋敷124-1
［交通］JR鳴子温泉駅から徒歩3分
［日帰り入浴］可
［公式サイト］https://naruko-wasedasajikiyu.com/ja

［設計］早稲田大学石山修武研究室
［施工］熊谷組
［構造・階数］鉄筋コンクリート造、木造
［延べ面積］673.99㎡

1000年を超える歴史を持つ鳴子温泉郷の町並みの中で、ひと際目を引く黄色の建物が「鳴子・早稲田桟敷湯」だ。

この施設の源泉は、戦後間もなく、早稲田大学の学生たちが掘削の実習で掘り当てたもの。「早稲田湯」として町内外の人たちに親しまれてきた。掘削から50年目の1998年に、早稲田大学の石山修武教授の設計で建て替えられ、早稲田桟敷湯に。名前にある「桟敷」とは「見物席」の意味で、浴室の上の階にある休憩スペースがイベント時には見物席となる。

敷地が傾斜しており、メインのアプローチは地上2階。設計者が「露地」と呼ぶ外部空間を通り、あやしげな階段を下りると、受付や浴室がある。浴室は3層吹き抜けで、湯気の上から自然光が差し込む。壁は外壁と同様、色付きのしっくいだが、年月を経て色が変わり、まるで古代遺跡の中で湯に漬かるようだ。

中央部分の「露地」を通り抜け、階段を下りると受付がある。左手の
木製引き戸を開けると、休憩室が桟敷席となる（右手の2階が舞台に）

湯MEMO

「鳴子・早稲田桟敷湯」は施設名のロゴデザインがかっこいい。本の装丁が好きな人はピンと来るだろう。装丁家の故・
平野甲賀氏（1938〜2021年）によるものだ。ロゴ入りのオリジナルタオルをぜひお土産に。

遺跡のような浴室内。2024年秋に改修予定とのことなので、この写真とは少し雰囲気が変わっているかも

温泉街の共同浴場で、これほどエッジの立った施設
がほかにあるだろうか。多分、ない。
鳴子温泉の「早稲田桟敷湯」だ。

黄色の外観を見れば、
凡者でないことは誰にもわかる。
設計したのは、建築家の石山修武。
完成時（1998年）は早稲田大学教授だった。

OSAMU
ISHIYAMA
1944-

同じ場所にあった「早稲田湯」を建て替えたもの。1948年に
早稲田大学の学生たちが源泉を掘りあてたことが名前の由来。

入り口はどこ？と思いながら
建物の"裂け目"を進むと……

こんな小さな扉。
さらに、地下へと続く
狭い階段を降り……

えっ
これ？

南

意外に庶民的な受付（ホール）
が現れてホッとする。

が、それは来館者を
油断させるワナだ。
浴室に足を踏み入れる
と衝撃の遺跡感。

湯気の多さもあって
古代の浴場にタイム
スリップしたかのよう。

うわっ
ローマ？

天井が
見えない

北

―ル　脱衣室　浴室

浴槽の仕切りに見える
部分は源泉の「湯口」。
湯量の多さをダイナミ
ックに見せる演出。

露天風呂もある
が「貸切利用」
のみの運用だ。

激熱のお湯を自分好みに冷ましながら
入るという貸切ならではの湯。小心者の
筆者は入らなかったが、勇気があればぜひ。

48

変形敷地を考え抜いた2つの浴室

銀山温泉共同浴場 しろがね湯

外観。銀山川の東岸にひっそりと立つ

2001年開業

[所在地] 山形県尾花沢市銀山新畑北 415-1
[交通] JR大石田駅からバスで約40分、銀山温泉下車、徒歩5分
[日帰り入浴] 可
[サイト] https://www.city.obanazawa.yamagata.jp/kanko/kankochi/1346 (尾花沢市)

[設計] 隈研吾建築都市設計事務所
[施工] 本間建設
[構造・階数] 鉄筋コンクリート造・一部鉄骨造、地上2階
[延べ面積] 63.24㎡

　まるで映画を見ているようなノスタルジックな町並みが川沿いに広がる山形県尾花沢市の銀山温泉。「共同浴場 しろがね湯」はその北の端の川辺に立つ。

　設計を担当したのは、今や日本を代表する建築家となった隈 研吾氏。温泉街の真ん中に立つ旧共同浴場の建て替えの相談を受けたが、その場所には足湯の広場をつくることに。共同浴場を建てる場所が見つからず、「やっと見つかったのが町はずれの20坪弱の三角形、この変形敷地」だったと隈氏は振り返る。

　外観は見逃しそうなほど小さく、デザインも控えめだが、風呂に入れば隈氏が「この敷地で何ができるか」を考え抜いたことがわかる。浴室は外が見える2階と、見えない1階にある（入れ替え制）。それぞれ全く演出が違うので、温泉街の宿に1泊してぜひ両方入ってみたい。

敷地は三角形で、北側の入り口から見るとびっくりするほど薄い

「しろがね湯」を隈 研吾氏の下で担当したのは、中村拓志氏。完成の翌年に独立すると、めきめきと頭角を現し、「リボンチャペル」や「東急プラザ表参道原宿」などを設計。「界 ポロト」(202ページ) も中村氏の設計だ。

2階の浴室（竣工時）（写真：藤塚光政）

1階の脱衣所（竣工時）。今はここまできれいではないが、それでも光の入る脱衣所と暗い1階浴室との対比は印象的。隈氏のやろうとしたことが伝わってくる（写真：藤塚光政）

今や日本で最も有名な建築家といえる隈研吾が、2001年にはこの規模のものを設計していたと知るだけでも感慨深い。

小さい。薄い。そして、デザインに強い主張がない。擁壁に擬態するかのよう。

銀山川

しかし、2つの浴室には、隈の"風呂愛"があふれている。

ルーバー

できれば1階と2階、両方入ってほしい。

2階の浴室は遠近を強調する三角平面。無双窓で半屋外気分。

この施設の設計は"無双窓で内と外をつなぐ"というところからスタートした。ルーバーはそのためだ。

だが、開きやすい2階をオープンにするのは常套手段。風呂好きの心を捉えるのは条件が厳しい1階の浴室だろう。↓

薄暗い細長空間の上部からストライプ状の光がぼんやりと差し込む。中世の教会のよう。

"風の湯""闇の湯"と勝手に命名したい!

神の光…

49

円形大浴場で水田と木組みを堪能

ショウナイホテル スイデンテラス

夜景。左の円形部分がスパ棟

2018年開業

［所在地］山形県鶴岡市北京田字下鳥ノ巣23-1
［交通］JR鶴岡駅からタクシーで約10分
［日帰り入浴］不可
［公式サイト］https://suiden-terrasse.com/

［設計］坂茂建築設計
［施工］サイエンスパーク特定建設工事共同企業体
［構造・階数］鉄筋コンクリート造・鉄骨造・木造、地下1階・地上2階
［延べ面積］9087㎡

「スイデンテラス」は、名前の通り「水田」から着想を得て生まれたホテルだ。山形県鶴岡市で農地を転用する「サイエンスパーク構想」が進められていたエリアに、ベンチャー企業のSHONAI（旧ヤマガタデザイン、山中大介代表）があえて周囲の水田を生かす形で計画した。設計したのは建築家の坂 茂氏だ。

一番大きな切妻の建物は共用棟で、フロントやレストラン、ライブラリーなどがある。折り紙を蛇腹に折ったような集成材の折板屋根が印象的だ。その周りには2階建ての宿泊棟がクラスター（房）状に広がる。南の端にある円形の建物がスパ棟で、外側には眺望が開けた「天色の湯」、中央部には木造架構が美しい「朱鷺色の湯」がある。オープンの2年後には水田と同じ高さで入れる露天風呂のある「月白の湯」が完成。さらに翌年には2つのサウナも加えられた。

共用棟のピロティからフロントのある2階に上る階段

庄内平野を見渡す「天色（あまいろ）の湯」の露天風呂
（写真提供：ショウナイホテル スイデンテラス）

湯MEMO レストランの朝食バイキングでは、地産地消率80％以上を実現しているという。SHONAI（旧ヤマガタデザイン）は、田んぼの除草作業を省力化するロボ開発や有機米の流通などにも取り組んでおり、各界から注目されている。

ドーム状の木造架構が美しい「朱鷺色（ときいろ）の湯」。中央から自然光が入る（写真提供：ショウナイホテル スイデンテラス）

オープン後に増設された「月白（げっぱく）の湯」の露天風呂。水田とほぼ同じ目線で湯に漬かる
（写真提供：ショウナイホテル スイデンテラス）

水田に映る姿の美しさがウユニ塩湖（ボリビア）にも例えられる「スイデンテラス」（2018年開業）。設計者は、坂茂。

一般のガイドブックは 共用棟と宿泊棟だけで力尽きてしまいがち。本書で深掘りしたいのは、ここにあるUFOみたいなスパ棟だ。

浴室は入れ替え制。まずは、円形の外側に弓形にのびる「天色の湯」へ。

天色の湯（あまいろ）

奥に行くと露天とサウナ。

期待通りの弓形浴槽。奥に続く露天風呂は、水田から吹く風が最高！

50

老舗が仕掛けるデザインサウナ

KAMEYA HOTEL 龍宮殿サウナ

龍宮殿の外観。吉村靖孝氏は2004年に
2階をバンケットホールに改修しており、
今回は1階をサウナに改修

1813年創業、龍宮殿サウナは2023年完成
［所在地］山形県鶴岡市湯野浜1-5-50
［交通］JR鶴岡駅からバスで40分・タクシーで25分
［日帰り入浴］可
［公式サイト］https://www.kameya-net.com/sauna/

［設計］吉村靖孝建築設計事務所＋塚越宮下設計
［施工］佐藤工務、弘栄設備工業、東北電機鉄工
［構造・階数］木造、地上2階（サウナは1階部分）
［延べ面積］331.18㎡

　山形県鶴岡市・湯野浜温泉の老舗旅館「亀や」。創業200年を超え、天皇夫妻をお迎えするなど由緒あるその宿が、2024年4月に屋号を「KAMEYA HOTEL」に改めた。それに先立つ2023年6月、「龍宮殿サウナ」がオープンした。

　もともとある温泉大浴場とは別に、別館「龍宮殿」の一部を改修してつくった新施設。前衛的とさえいえるデザインは、吉村靖孝建築設計事務所と塚越宮下設計が担当した。

　別館南側の貸切風呂が残っていたエリアと、日本海への眺望が開けた北側エリアに浴場・サウナを2カ所計画した。南側は「龍宮殿サウナ 空」、北側は「龍宮殿サウナ 海」で、時間により男女が入れ替わる。北側エリアは、既存の柱が水に浸かってしまう位置にあったことから、これらを撤去。海側と山側の両脇から斜めに木材を渡して2階の床を支える形とし、それを視覚的なポイントにした。

「龍宮殿サウナ 空」（写真：鈴木淳平）

「龍宮殿サウナ 海」。右ページのイラストはここを描いたもの
（写真：鈴木淳平）

湯MEMO　新しい方向性に果敢にチャレンジするKAMEYA HOTELは、客室もデザイン重視の部屋を多数用意。吉村靖孝氏がデザインした部屋もある。サウナは日帰り利用できるが、余裕があればぜひ宿泊を。

老舗旅館が"老舗"であり続ける原動力は"伝統と革新"だ。
「KAMEYA HOTEL」に誕生した「龍宮殿サウナ」はまさに"革新"。

すごい
トラス

すごい
ドット

うぉっと声が出てし
まう斬新な空間。
補強のために加えた
木材を大胆に室内に
見せる。そして、床や壁
が…

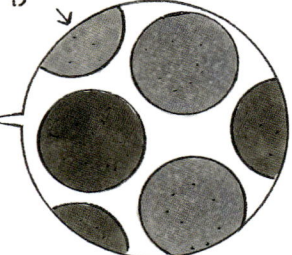

切り株にも見える模
様は円形のタイル。

サウナの中にも。

海の見えるリラックススペ
ースで甘い物をつまみ
ながらゆったり。

もとが大正の建物だと
知ると龍宮城気分。

甘い物

51

フィールドを一望する球場内温泉

tower eleven onsen & sauna

エスコンフィールドの外観。従来の屋内型球場と異なり、屋根が切妻型
（写真提供：©H.N.F.）

2023年開業

[所在地] 北海道北広島市Fビレッジ1番地 tower eleven onsen & sauna 3F
[交通] JR北広島駅からバスで約5分
[日帰り入浴] 可
[公式サイト] https://www.hkdballpark.com/activity/10/

[設計] 大林組・HKS（全体）、乃村工藝社（温浴施設内装）
[施工] 大林・岩田千崎特定建設工事共同企業体
[構造・階数] 鉄筋コンクリート造・一部鉄骨造、地下2階・地上6階
[延べ面積] 12万2399.20㎡

　2023年に開業した北海道ボールパークFビレッジ内の日本初の開閉式屋根付き天然芝球場「エスコンフィールドHOKKAIDO」。球場のランドマークとなる「TOWER 11」3階にある温浴施設が「tower eleven onsen & sauna」だ。"フィールドを一望できる球場内天然温泉とサウナ"は世界初という。

　水着着用の男女共用ゾーンには、フィールドとの間にガラス仕切りのない「ととのえテラスシート」24席と、2つの浴槽がある（1つは水風呂）。男女共用のサウナ室や男女別の内湯からもガラス越しにフィールドが一望できる。

　エスコンフィールドHOKKAIDOではスタジアムツアーが実施されており、屋根のスライド開閉の仕組みや、芝の育成方法など、野球に詳しくない人でも楽しめる。球場内に入るだけなら無料（試合のない日）という太っ腹な運営にも驚く。

球場の客席から見る。「tower eleven onsen & sauna」があるのは、スポンサー看板の上の部分（写真提供：©H.N.F.）

男女共用エリア（水着着用）にある浴槽（左）と「ととのえテラスシート」（右）（写真提供：©H.N.F.）

湯MEMO　フィールドが見えるサウナは、「ととのえ親方」こと松尾 大氏が監修した。内装設計の乃村工藝社とアイデアを練るなかで「汗戦浴」という言葉が生まれ、男女混浴（水着着用）のサウナへと向かっていったという。

ガラス越しにフィールドを一望できるサウナ。男女共用。初心者も入りやすいように、立ち見エリア、ストーブ横の高温エリアなど、様々な楽しみ方を用意した（写真提供：©H.N.F.）

内湯からもフィールドが一望できる。お湯は「雪肌の湯」と呼ばれる天然温泉（写真提供：©H.N.F.）

日本人も大胆になったなぁ……。そう思わずにいられない。
「tower eleven onsen & sauna」があるのは
開閉式球場「ES CON FIELD
HOKKAIDO」の中。

レフト側リョイ外野席後ろの
3階部分にそれはある。

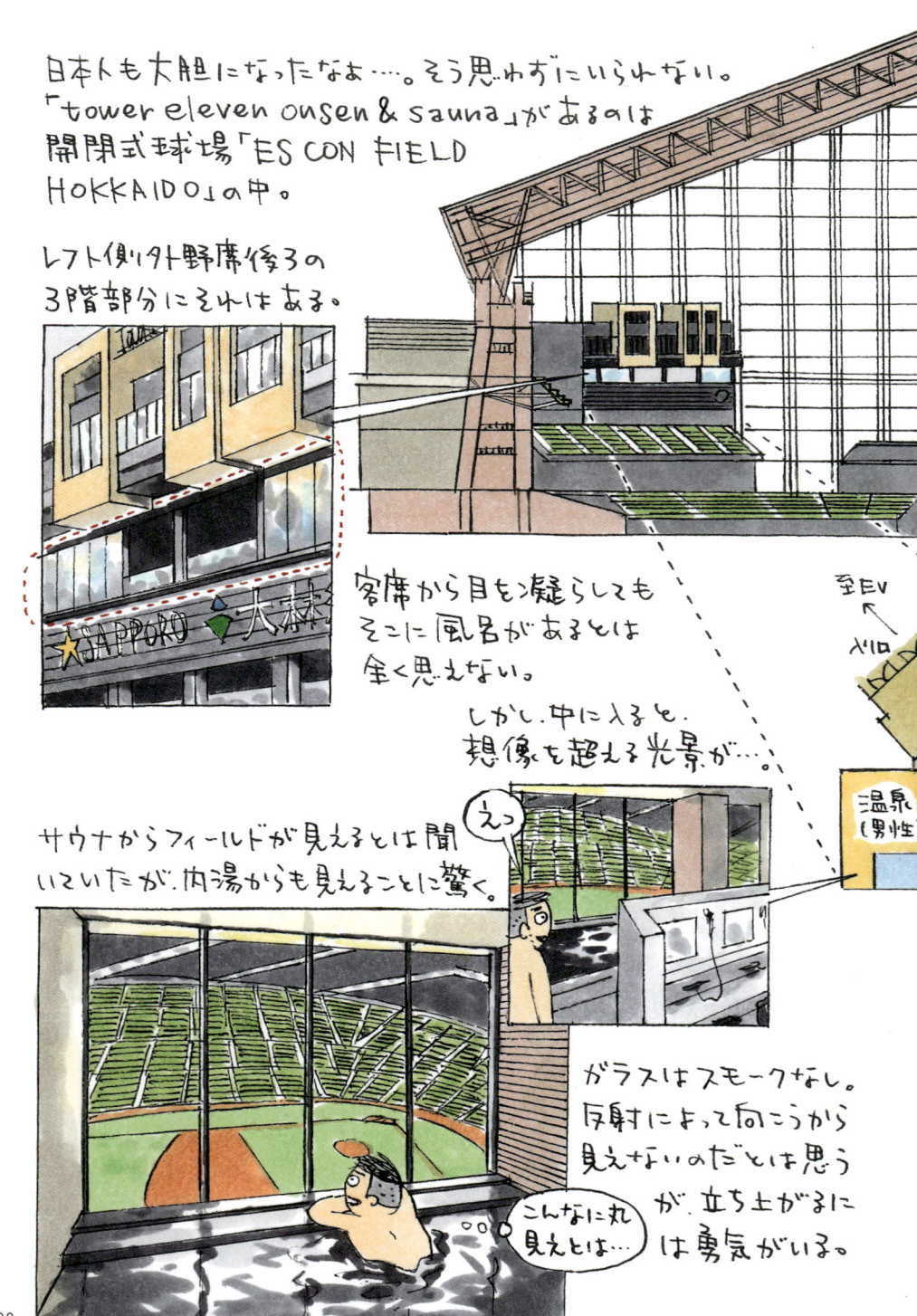

客席から目を凝らしても
そこに風呂があるとは
全く思えない。

しかし、中に入ると、
想像を超える光景が…。

え？

至EV

メロ

温泉
（男性

サウナからフィールドが見えるとは聞
いていたが、内湯からも見えることに驚く。

ガラスはスモークなし。
反射によって向こうから
見えないのだとは思う
が、立ち上がるに
は勇気がいる。

こんなに丸
見えとは…

200

52

三角すいの温泉棟が新たな風景に

界 ポロト

2022年開業
［所在地］北海道白老郡白老町若草町1-1018-94
［交通］新千歳空港から車で約40分、JR札幌駅から車で約65分
［日帰り入浴］「〇湯」のみ可（「△湯」は宿泊者専用）※2024年8月現在
［公式サイト］https://hoshinoresorts.com/ja/hotels/kaiporoto/

［設計］中村拓志＆NAP建築設計事務所
［施工］前田建設工業
［構造・階数］鉄筋コンクリート造（客室棟）・
　　　　　　　鉄筋コンクリート造＋木造（温泉棟）、地上4階
［延べ面積］4951.48㎡

引き込んだ湖越しにとんがり湯小屋を見る

　北海道白老町にある周囲約4kmのポロト湖（アイヌ語で「大きな沼」の意）。アイヌ民族の文化を学べる国立施設「ウポポイ（民族共生象徴空間）」の西隣に、2022年1月にオープンした温泉旅館が「界 ポロト」だ。4階建て・箱型の客室棟と、ねじれた三角すいの平屋が連なる温浴棟（とんがり湯小屋）から成る。いずれも中村拓志氏が率いるNAP建築設計事務所が設計し、運営は星野リゾートが担当する。

　三角すいの温浴棟には、宿泊者のみが入れる「△湯（さんかくのゆ）」がある。独特の形は、アイヌ民族の「ケトゥンニ」（三脚）をヒントにした。丸太を組んだ三脚で屋根を支える建築の建て方だ。△湯の浴室には源泉かけ流しの「あつ湯」と、心身を鎮静させる「ぬる湯」2つの湯船があり、ぬる湯はポロト湖を臨む露天風呂へとつながっている。客室棟の南側にはもう1つの大浴場「〇湯（まるのゆ）」があり、そちらも空とつながる感覚が面白い。

△湯の入り口。渡り廊下はなく、外を歩いて向かう

「〇湯」。ドーム天井の頂部に丸い穴があき、光と外気が入り込む
（写真提供：星野リゾート）

 湯MEMO　当初案では湖側に客室棟、その背後に温浴棟を置き、敷地奥まで湖を引き込む計画だったという。それが難しく、現状の配置になったが、浴室を“風景の目玉”にする方法は、むしろ斬新。ホテル計画の新たな一手といえそうだ。

△湯の内湯。「あつ湯」と「ぬる湯」2つの湯船がある（写真提供：星野リゾート）

△湯の露天風呂。湯船は「ぬる湯」からつながっている（写真提供：星野リゾート）

外観がこれほど絵になる浴室は珍しい。北海道白老町に2022年に開業した「界ポロト」。2つある浴室の1つ、「△湯」だ。

トドマツの丸太を三角に組んだ構造は、アイヌの「ケトゥンニ」という屋根組みをヒントにした。

ケトゥンニ

客室棟
↓

ここにもう1つの「○湯」
↓

「△湯」

ウポポイ
↓

敷地はポロト湖の南側。「ウポポイ」（民族共生象徴空間）の西隣だ。

客室棟、△湯とも、設計は中村拓志。

HIROSHI NAKAMURA
1974〜

客室棟　桟橋

① ②

△湯　男性

エントランス　③　④　⑤

湯上がり処　②　女性

本館から△湯の露天風呂に至るまでのドラマ性がすごい。冒険のよう。

① 屋外を歩く。　わくわく

② 湯上がり処から見える景色に感動。　おー

③ 脱衣所の造形に見とれる。　なるほど

④ 内湯の浴槽の奥に小さな入り口を発見。　モア〜　？

先に進むと……。

⑤ 湖との境界を消し去った露天風呂。三角屋根の連なりは山並みのよう。　こう来たか！

53

丘の上で味わう空と緑と名水

キトウシの森きとろん

外観。カラマツのルーバーで覆われる

2023年開業

［所在地］北海道上川郡東川町西4号北46番地
［交通］旭川空港から車で約15分、JR旭川駅から車で約40分
［日帰り入浴］可
［公式サイト］https://www.higashikawa-kitoron.jp/

［設計］アイエイ研究所、隈研吾建築都市設計事務所（デザイン監修）
［施工］盛永組
［構造・階数］鉄筋コンクリート造、地上3階
［延べ面積］2185㎡

　「キトウシの森きとろん」は2023年8月、北海道東川町にオープンした保養施設。田園風景を一望するキトウシ山の丘に立ち、レストラン、ショップ、温浴施設から成る。この場所にあったホテルを解体し、東川町が建設した。

　設計は、旭山動物園の設計などでも知られる旭川市のアイエイ研究所。東川町にサテライトオフィスを構える隈研吾建築都市設計事務所がデザイン監修を担当した。外壁は北海道産のカラマツのルーバーで覆われ、いかにも隈研吾節。室内には地元で間伐されたカバ材を多用している。

　大浴場は、大きな窓から風景を見ながらゆったり湯に漬かれる。サウナからも外が見え、水風呂からも見える。水風呂の水は北海道の名水に選ばれた大雪山系の伏流水を汲み上げているとのこと。ここでしか体験できないぜいたくな水風呂だ。

大浴場の露天風呂（写真：今田耕太郎）

サウナ（写真：今田耕太郎）

湯MEMO　地元食材を使ったランチがとてもおいしく、財布にもやさしい。ちなみに「キトウシ山（岐登牛山）」という地名の由来は、アイヌ語で「Kito-us-nupuri」。ギョウジャニンニク（Kito）が群生する山（nupuri）の意味。

北海道東川町を見おろす丘に立つ「キトウシの森きとろん」。この外観を見たら、建築にさほど詳しくない人でも「隈研吾のデザイン」とわかりそう。

浴室は2階にあり、半屋外の露天風呂も。目隠しの壁があるのは残念だけど、湯に漬かると、板の隙間から景色が見える。

見えた！

"空と緑"がこの場所の宝一。それがあらゆる場所で徹底している。

サウナからも見えるし…

水風呂からも見える。

これは珍しい！

水風呂が苦手な人も、ここなら入りたくなるのでは？

屋上

締めは屋上で。

すごい景色!!

「トンボの湯」で知った醍醐味
マニアでないからアイデアが沸く

東 利恵氏（建築家）

（人物写真：稲垣純也）

一連の「星のや」の設計で知られる建築家の東 利恵氏（東 環境・建築研究所代表）。
アメリカの大学に留学していたときに星野佳路氏（現・星野リゾート代表）と知り合い、
氏とともに従来の旅館施設と一線を画する建築をつくり上げてきた。
その1つが本書で取り上げた「星野温泉 トンボの湯」。
自然と一体になったあの建築はどのように生まれたのか。（聞き手：宮沢 洋）

本書の企画のきっかけになったのは、この「星野温泉 トンボの湯」。東氏の出世作でもある。設計：東 環境・建築研究所＋オンサイト計画設計事務所（写真：宮沢 洋）

—— この本をつくりたいと思ったきっかけは、東さんが設計した「星野温泉 トンボの湯」（2002年完成、64ページ、以下「トンボの湯」）の体験でした。なんて開放的でおしゃれな風呂があるんだろうと。それで全国あちこち回り始めたわけですが、結果的に本書で53件取り上げている温浴施設の中で女性が設計したものはほとんどないのです。もっと女性の建築家に挑戦してもらいたい、とエールを送る意味もあって、東さんにインタビューをお願いしました。

ありがとうございます。温泉とか銭湯とかって、民間の施設が多いので、女性の建築家が設計を頼まれることが少ないのかもしれませんね。私が設計した「トンボの湯」や、「星のや東京」（2016年完成）のスパは、リピーターがすごく多いので、こういうテーマの話をするのは私もうれしいです。

—— まずは、「トンボの湯」のお話からうかがいます。先ほども言ったように、あんなに外に開いている温浴施設って、当時はなかったですよね。もちろん露天風呂はたくさんありましたけれど、内湯があれほど屋外と連続しているものは見たことがありませんでした。何を重視して設計をスタートされたのですか。

当時、地方自治体がヘルスセンター的な「○○の湯」みたいなものをあちこちにつくっていたんです。レストランとお風呂と休憩処を一体にして大屋根を架けた建物ですね。あれは本当に風情がないなと思っていたんです。

お風呂を楽しむことがメインではなくて、「なんとなく時間を過ごす」ために行くから中途半端なレストランがあったり休憩処がついていたりする。しかも、大きいから生活と離れていく。

昔は生活の規模感で銭湯があったのに、大規模になると人と離れていってしまう。「トンボの湯」はそうではなく、最初から、温泉を楽しむことがメインの計画でした。クライアントである星野さん（星野佳路・星野リゾート代表）の構想を聞くと、規模が結構大きいので、まず男女で棟を分けて、間に外部空間をつくっていこうということで始めましたね。

何もない場所に
水を引き込む

── 古い温泉施設があったんですよね。

今、「星のや軽井沢」が立っているところに、「太陽の湯」と「せせらぎの湯」というのがあったんです※。そこは軽井沢の別荘客の人たちが、毎日入りに来るような施設でした。夏の間は、町の銭湯という感じです。「星野温泉旅館（現・星のや軽井沢）」を建て替えることになったときに、まずそれを動かそうということで計画されたのが「トンボの湯」でした。地元の人たちが使っている温泉を途切れないようにしようと。

※正確に言うと、星野温泉旅館には「明星の湯」「太陽の湯」「せせらぎの湯」の3つがあり、外部の人は主に後者の2つの湯を使っていた。

── 旅館自体を建て替える前に、温泉だけ場所を移して建て替えたと。

トンボの湯の内湯。内湯の外側に露天風呂、その外側に大きな池があり、水盤が連続しているかに見える（写真提供：星野リゾート）

そうです。計画がスタートするときに星野さんから言われたのは、夏のピークを増やしても意味がないから、ピークの波を減らすようにしてほしいということでした。シーズンオフをつくらないということです。町の銭湯に近い感覚ですね。だから、日帰り温泉アミューズメントではなくて、本当にシンプルに、お風呂と脱衣室だけという構成にしました。

設計を始めた頃、うちの事務所は、私とパートナー、父（建築家の故・東 孝光氏）を入れても5人くらいだったんです。私たちにとっては規模が大きく、その後に旅館の建て替えも控えていたので、オンサイト計画設計事務所の長谷川浩己さん（ランドスケープ・アーキテクト）に声をかけて一緒にやることにしました。オンサイトと本格的に組んだ初めてのプロジェクトです。

—— 長谷川さんとの共同設計はどんなふうに進んだのですか。

まずは、水を温泉の近くに引き込もうと。露天風呂にある池の水は、星のや軽井沢の水力

トンボの湯の露天風呂（写真提供：星野リゾート）

発電に使った後の水を川に戻すルートの中で"修景"に使ったものなんですよ。星のや軽井沢の上池から落ちて、水力発電をして、その水が戻ってくる途中の水があの池なんです。

—— えっ、そういう流れの一環だったんですか。

水力発電は、大正時代の頃、星野さんのおじいさまの頃からやっているそうです。（星のや軽井沢では、前身である「星野温泉旅館」が創業して間もない1917年に水車発電、1929年には水力発電に成功し、現在でも敷地内の発電所から電力を供給している）

—— 水を引き込んだということは、あの池はもともとなかったものなんですか。

はい、全く。あの場所には、野球をやれるぐらいの広さのグラウンドがありました。谷合の底の土地で、もともと風景があったわけじゃないんです。長谷川さんと議論する中で、斜面を風景にするためには、建築で閉じた空間をつくって、そこに水を入れようという話になりました。ならば建築の方も、内湯の浴槽が池とつながったものにしたいという話になっていったと記憶しています。相当議論したので、私も長谷川さんも、お互い自分の意見だと思っていると思いますが（笑）。

—— サウナは内湯からいったん外に出てから入る別棟になっていますね。

サウナに浴室から入るのって、湿気がすごくて嫌なんですよね。サウナから出たときに、外気じゃないと不愉快感があるじゃないですか。

軽井沢は冬寒いので、ぱっと出たときにその冷気をちゃんと感じてもらおうと。それが冬の軽井沢の良さなのだと。それで別棟にして外部空間の廊下でつなぐ形にしました。

冷静に「自分が入れるか」を判断する

―― 東さんはトンボの湯の前に温浴施設を設計したことはあったのですか。

ないです。全く（笑）。

―― それまでにもホテルとか旅館とかの大浴場をやっていそうに思っていました。

東 利恵（あずまりえ）氏
建築家。東 環境・建築研究所代表。1959年大阪府生まれ。82年日本女子大学家政学部住居学科卒業。84年東京大学大学院工学系研究科建築学専攻修士課程修了（鈴木博之研究室）。86年コーネル大学建築学科大学院修了。コーネル大学に留学中、ホテル経営を学んでいた現・星野リゾート代表の星野佳路氏と知り合う。主な作品は、大原のアトリエ（1988年）、K フラット（1991年）、阿佐ヶ谷の家（1993年）、下総中山の家（1999年）、軽井沢ホテルブレストンコート（1995～97年、以上東孝光氏との共同設計）、トンボの湯（2002年）＊、星のや軽井沢（2005年）＊、星の京都（2009年）＊、ハルニレテラス（2009年）＊、星のや竹富島（2012年）＊、シーバルピア女川（2015年）＊、星のや東京（2016年）、星のやバリ（2017年）＊、星のやグーグァン（2019年）＊など（＊はオンサイト計画設計事務所との共同設計）

その手のもので設計したことがあったのは、ブレストンコート（「星野リゾート 軽井沢ホテルブレストンコート」）の改装だけです。でもそれはホテルなので、大浴場はなかったんですよ。トンボの湯は、一からすべて勉強しながら設計しました。星野さんは星野温泉の中で育った方なのでいろいろノウハウはあるんですけれど、デザインに詳しいわけではない。だから、温泉を一緒に見て回ったりもしました。なぜ人気のあるところは人気があるんだろうかと。

―― すごく参考になったものはありましたか。

いや、どれか特にというところはないですね。いろんなところを見たポイントポイントを自分のものにしていった感じです。実は私、そんなに温泉フリークではないんですよ。

―― えっ、そうなんですか。衝撃です（笑）。

もし温泉フリークであっちこっち行きまくるタイプだったら、多分、思い入れが強くて1個、2個つくると終わっちゃうんじゃないですかね。私は、冷静に「自分が入れるか」を判断する。その方が温泉に入る人のハードルを低くできます。

―― なるほど、先ほどの「サウナから出たときに外気じゃないと不愉快だ」というのも、「自分が入りたいと思うか」という視点ですね。

建築を設計するには、その用途がすごく好きでなくても全然かまわないんです。ただ、好きな人が何を魅力と思っているかを理解することは必要ですよ。私はマニアックなタイプではなく、何となくいろいろなことが蓄積されてい

「星のや東京」。設計：三菱地所設計・NTT ファシリティーズ JV　旅館計画・内装設計・外装デザイン協力：東 環境・建築研究所（写真：宮沢洋）

くタイプなんですね。

── それはこれから建築を志す人へのエールになりそうです。この「トンボの湯」をやってみて、温浴施設、面白いなという感じだったのですか。

すごく面白かったですし、私にとって初めて自分の名前で発表した新築のプロジェクトだったので、"出発点"みたいなところがあります。それまでのプロジェクトは、父と一緒に設計した住宅群でしたから。一緒にできた「村民食堂」も含めて、多くの方に支持されたのはうれしかったですね。

── 今日はもう1つ、「星のや東京」のスパの話を聞きたくて、うかがいました。とても人気があると聞いています。ただ、本書は「1人1泊2万円台まで」もしくは「日帰り入浴可」を条件にしたため、本編では取り上げられませんでした。このスパは、どういう構成になっているのか、サイトの写真や建築雑誌の記事を見てもよく分からないんです。

そうかもしれませんね（笑）。あれは、脱衣室の扉を開けて中に入ると、洗い場があって内湯の浴槽がある。その浴槽の端にトンネルがあって、出ていくと四角い空間があって、そこが露天風呂です。

内と外が
トンネルでつながる

── 内湯の浴槽の中を歩かないと、露天風呂に行けないんですね。

星のや軽井沢の「メディテイションバス」の外観（左）と「光の部屋」（右）（写真提供：星野リゾート）

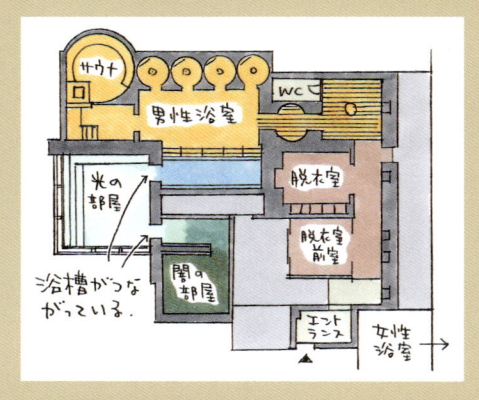

男性エリアの間取り（イラスト：宮沢 洋）

はい、そうです。

—— 露天風呂と内湯の間のトンネルに扉はないのですか。

ありません。脱衣所から浴室に入る扉が外と内を仕切る扉になっています。

—— やっぱり、そういうことでしたか。この本で取り上げた「界 ポロト」（設計：中村拓志＆NAP建築設計事務所、202ページ）も同じようなつくりになっていました。

界 ポロトも星野リゾートの施設なので、そういうかたちになったのかもしれませんね。

星のや東京のスパは、もともと星のや軽井沢の「メディテイションバス」の延長線上に生まれたものなんです。軽井沢では「光の部屋」と「闇の部屋」という2つのエリアが、それぞれトンネルで内湯の浴槽とつながっています。

—— 異なる湯がトンネルでつながる構成は、軽井沢での発明だったんですね。軽井沢ではなぜそんなつくりに？

それほど風光明媚な敷地ではなかったので、五感に訴えるために、むしろ「景色を取ろう」と思ったんです。露天風呂って周りから見られないようにつくるのがすごく大変なんですよ。客室の周りは星のやにふさわしい景観をつくり込んでいますが、どこからも見られず、かつ景色のいい露天風呂をつくるのは難しかった。それで、光と闇を感じる部屋にしようと。先に出来た「トンボの湯」とは全く違うものにしたい、ということもありましたから。

いかに入浴のストレスを
なくすか

—— 浴槽がつながっている理由は？

　一度浴槽から出るって面倒くさいじゃないですか。私、面倒くさがり屋なんで、いっぺんタオルで隠して、また入るって面倒くさい（笑）。浴槽がつながっていれば、そのまま行ける。ストレスなしで動けるかということがすごく大事だと思っているので。

—— 物語的な面白さの演出なのかと思ったのですが、「ストレスなく行ける」という理由なんですね。

　そうです。男性は裸のまま歩くのかもしれないけれど、女性はたとえ女性同士でもそれはできないですよね。ならば湯に漬かったまま移動したい。

—— 「星のや東京」では、それを発展させて、内湯と露天を1つの浴槽でつないだと。

　はい。星のや東京のスパは、他のビジネスホテルと同じことをやっても面白くないから、大手町の中の自然を切り取ろうということで計画が始まりました。でも、自然といってもあの場所で何が残されているかって言ったら、もう空しかないよね、と。それで屋上に16mの高さの壁を立てて、周りのどこからも視線が切られるということを確認して露天風呂をつくりました。あの周りには、機械とか俗物的日常があるんですけれど、見えないようになっています。

　ただ、2層分の高さの壁を立てると、冷気が降りてこないんじゃないかと思ったんです。露天風呂の一番の醍醐味はあの冷たい空気ですから。体が温まっていても外に出ている部分が涼しいから、露天風呂は気持ちがいい。その感覚がないと露天風呂はつまらないと思って、目線くらいの高さのところだけ、木で空気が通るような仕掛けにしました。

「星のやバリ」（2017 年）。東氏は海外の「星のや」も設計している。「星のやバリ」は、各部屋のリビングから直接、屋外のプールに入れる。これも、「いったんプールの脱衣所に行くのは面倒でしょう」（東氏）が出発点だったという。「いつかこれの温泉版をつくってみたい」とも。設計：東 環境・建築研究所（写真提供：星野リゾート）

―― なるほど。あの木の部分は無双窓（同じ幅の板を前後に並べた窓）みたいになっているんですね。

　はい。開け閉めはせず、常に空気が通るようになっています。外壁を伝わってくる雨を、ここの上の部分で切ってしまう意味もあります。都心の露天風呂をやってみて予想外だったのは、空が見えるだけかなと思っていたら、結構、都会の音がするんですよ。それもここだけの体験です。

―― 洗い場まで外気がつながっていて、冬に体を洗うのが寒くないんですか。

　冬はトンネルのところにカーテンのようなものを下げますけど、それでも外気は入ってきま

す。でも、温泉でしっかり温まっていますから大丈夫ですよ。それと、ここは宿泊客専用なので、部屋にもしっかりしたお風呂があって、部屋で体は洗えます。ここは、温泉を楽しむためのかけ湯と上がり湯という位置づけですね。

―― お話をうかがって、ますます入ってみたくなりました。

　ぜひ入って来てください。私からも星野リゾートさんにお願いしてみましょう。

（という東氏の計らいで、後日、特別に日帰り入浴させてもらうことに。次ページ参照）

―― 本日はありがとうございました。東さんには、誰でも気軽に入れる町の銭湯とか、温泉街の共同浴場みたいなものも設計してほしいと願っています。

　星野リゾートさん以外で冒険してくださる方がなかなか現れないんですけど、リクエストがあればいつでもやりますよ。

―― この本を読んでくださった湯けむり関係者の方、東さんへのオファーをお待ちしています！

「星のや東京」の温泉スパ（写真：宮沢 洋）

「星のや東京」の温泉スパは、ビルの最上階（17階）にある。

内湯と露天の浴槽がトンネルでつながっている。

膝上まで湯に漬かりながら移動。

露天に出て上を見上げると、四角い空。まるで現代アート！

こういうことか！

仕切りがない…

プシ…

お、、

象設計集団「縄文真脇温泉」（1993年）

1993年、石川県能登町の真脇遺跡公園の丘陵地に能登町が整備した「縄文真脇温泉」。まさに縄文を思わせる骨太な造形は、象設計集団の設計によるもの。木造・一部鉄筋コンクリート造、延べ面積895㎡。

銀色の屋根が架かる7つの棟（2つの浴室と脱衣室、受付、休憩室、ロビー）が集まって1つの建物となり、それぞれが特徴的な内部空間を有していた。施設の核となる2つの浴室は、男と女の性の属性をもたせてデザインされたという。安全上の理由で、開館からわずか20年の2013年度に閉館となった。

「入ろうと思った時に風呂はなし」ー。ああ、早く入りに行けばよかった。象設計集団による「縄文真脇温泉」（1993）。

← 男棟

「二つの浴室に男と女の属性をもたせる」。
「女の棟は穴であり地べたの造形であり、つつみこむ屋根である」（by 設計者）

男棟

運営は男女固定ではなく、週替わりだった。性差を意識したうえで互いに尊重し合うのが縄文スタイル？

象設計集団「かんなべ湯の森・ゆとろぎ」（1994年）

象設計集団は1990年代前半、斬新な温浴施設を立て続けに実現した。1つは前ページの「縄文真脇温泉」。もう1つは翌年（1994年）に完成した「かんなべ湯の森・ゆとろぎ」だ。場所は、兵庫県豊岡市日高町のスキー場の近く。木造・一部鉄筋コンクリート造、延べ面積1497㎡。建物規模が大きいことに加え、「湯川」と名付けられた広大な露天風呂が屋外に設けられた。内湯も「柱の風呂」「林の風呂」「風穴風呂」など個性的なものだった。

2014年に現在の「神鍋温泉ゆとろぎ」が別敷地（道の駅の横）に建てられ、役割を終えた。

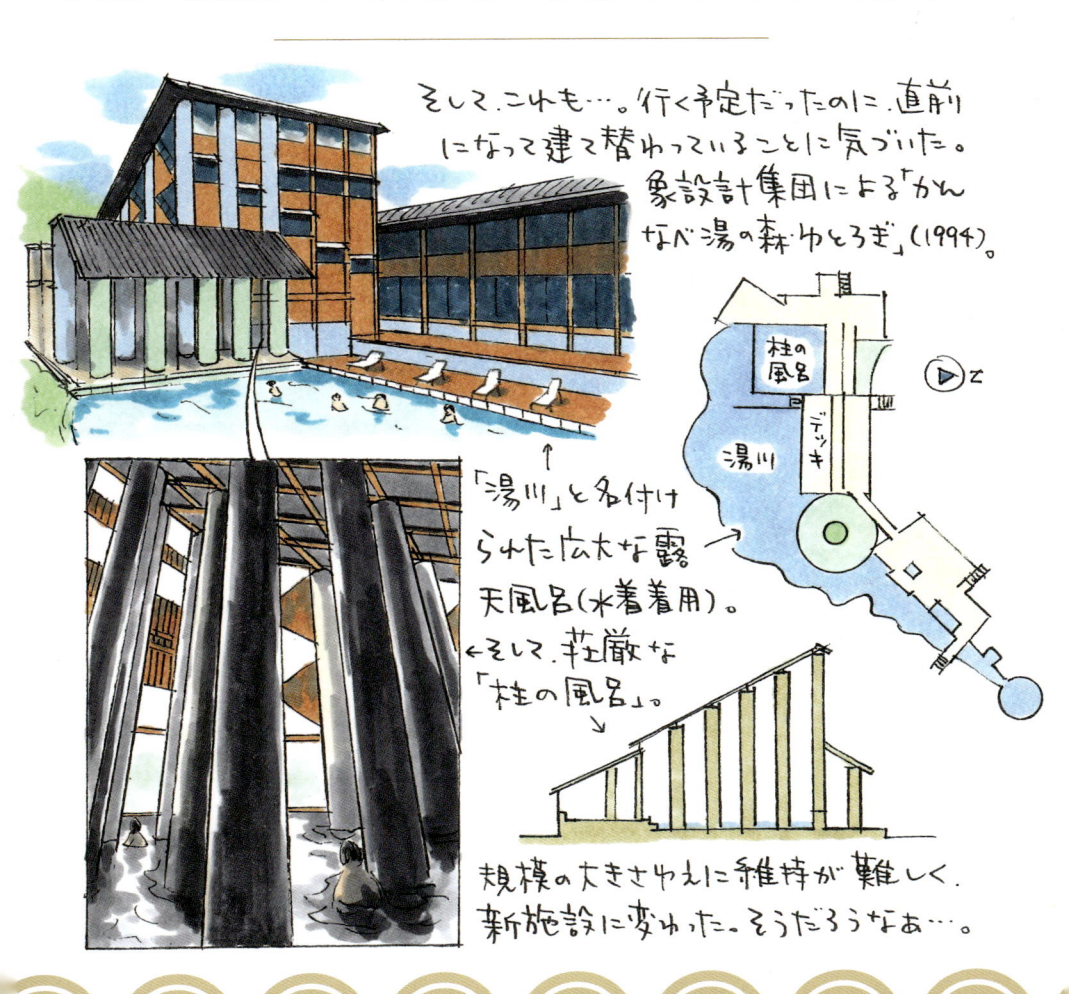

そして、これも…。行く予定だったのに、直前になって建て替わっていることに気づいた。象設計集団による「かんなべ湯の森・ゆとろぎ」（1994）。

「湯川」と名付けられた広大な露天風呂（水着着用）。

そして、荘厳な「柱の風呂」。

規模の大きさゆえに維持が難しく、新施設に変わった。そうだろうなぁ…。

柱の風呂

デッキ

湯川

おわりに

本書は"旅の目的になる建築ガイド"シリーズの第2弾である。第1弾は、『イラストで読む建築 日本の水族館五十三次』（青幻舎、2022年7月刊）で、これは「子どもも楽しめる（数少ない）建築」として「水族館」をテーマにした。

筆者は、もともと文系出身だが、就職した出版社で建築専門誌『日経アーキテクチュア』に配属され、そこで建築の面白さに目覚めた。2020年に独立し、今は一般の人に建築の魅力を伝える仕事をしている。「一般の人」の中でも、「建築」というものに最も縁遠そうなのが子どもたちなので、そこから攻めていこうと考えて水族館ガイドを企画した。

———

実は、「湯けむり建築」の企画は、水族館ガイドを青幻舎に持ちかけたときから、「いつか必ず出したい」と話していた。旅先で大人が楽しむ建築は何か、と考えればすぐに思い浮かぶのは温泉だ。

だが、世の中に温泉ガイドブックはあまたあれど、「建築」の視点で解説されたものはほぼ皆無。たまに「建物の設計者は〇〇〇氏」という説明があったとしても、肝心の浴室の写真がなかったり、浴室の設計者は記載がなかったり……。建築専門誌をめくっても、浴室の写真は小さかったり、まるでなかったり……。

建築家が設計した浴室の情報はなぜこんなに少ないのか。20ページに掲載した隈 研吾氏と米山 勇氏の対談で2人にたずねると、「なる

ほど」という答えが返ってきた。2人は、「モダニズムの建築家たちの知性が、下半身に関連する話題を抑圧していた」と言うのである。

そうか、そう指摘されると、自分がつくろうとしている本が"モダニズム建築の先"を指し示しているようで、大きな歴史的意義があるような気がしてくる。

その話を聞いてもう1つ気づいたのは、同じことが第1弾として書いた「水族館」にもいえるということ。なぜこれまで水族館が「建築」として語られることが少なかったかというと、「モダニズムの建築家たちの知性が、子どもが楽しむレベルの話題を抑圧していた」からではないか。

大きな話になり過ぎているかもしれないが、「一般の人が面白く読める建築の本をつくる」ということは、「建築の新しい領域を示す」ことにつながるような気がしている。

———

作業の中で気づいたことをもう1つ。本書に掲載するのは53件。どれを載せ、どれを落とすか。その悩ましい判断の中で、自分の頭の中に、3つの採点指標があることに気づいた。

「ビュー＝浴室から見える自然の風景の魅力」、「浴室空間＝浴室自体の造形や採光の魅力」、「建築鑑賞＝浴室に至るまでの諸室や外観の魅力」の３つだ。

どれかが突出して優れているものもあるし、３つが満遍なく高レベルであるものもある。当初はそれぞれに☆印をつけて載せることも考えたのだが、そこは読者の方に預けた方がよいと思い直し、筆者が選択時に重視した指標のアイコンだけを載せることにした。

最後まで読んでくださったお礼に、それぞれの指標の最高ポイントを獲得した施設を紹介しよう。（あくまでも筆者の頭の中の話です）

どこに行くかを決めかねている人は、まずこの３つを体験していただくと、残り50件もすべて体験したくなると思う。

2024年9月　宮沢 洋

「部門別ベスト1」をこっそり紹介

「ビュー」部門1位
加賀片山津温泉 総湯
（76ページ）

浴槽のお湯と湖（柴山潟）の水面を連続させて見せる、いわゆるインフィニティ風呂。それだけなら珍しくはないが、うまいのは横長のガラス窓を浴室のコーナー部分にL字に配置し、浴室に入ると真っ先にそこに目がいくようにしていること。男女日替わり制なので、湖の見えない浴室に当たることもあるが、そちらのガラス窓から見える庭園の緑も鮮烈。

「浴室空間」部門1位
鳴子・早稲田桟敷湯
（184ページ）

浴室は敷地の傾斜を生かした３層吹き抜けの縦長空間。周囲は温泉街なので、浴室から外を見せることはできない。設計者はあえて目線レベルに採光窓をつくらず、最上部からだけ光が差し込むようにした。温泉の湯気の上から差し込む自然光は荘厳。浴室の壁は色付きのしっくいで、年月を経て色が変わり、まるで古代遺跡の中で湯に漬かるよう。

「建築鑑賞」部門1位
界 ポロト
（202ページ）

「湯けむり建築」の未来を感じさせるのが、ここ。客室棟は箱型で、分棟として温浴棟が立つ。ねじれた三角すいの平屋が連なるユニークな造形は、形態の制約が少ない温浴棟だから可能な形。浴室を"風景の目玉"にする方法は、ホテル計画の新たな一手となりそう。待合スペースからの眺望や、脱衣所の形状など、浴室以外の空間体験も面白い。

設計者別索引 (50音順)

※本文に建築家の個人名が登場し、かつ設計組織名に主宰する建築家名を含むものについては、「建築家名、組織名」としてまとめて掲載した。

宮沢 洋（みやざわひろし）

画文家、編集者、BUNGA NET 代表兼編集長。1967年東京生まれ。1990年早稲田大学政治経済学部政治学科卒業、日経BP社入社。日経アーキテクチュア編集部に配属。2016年〜19年まで日経アーキテクチュア編集長。2020年2月に独立。2020年4月から磯 達雄とOffice Bunga を共同主宰。2021年5月、株式会社ブンガネット（BUNGA NET Inc.）を設立。著書に本書のシリーズ第1弾にあたる『イラストで読む建築 日本の水族館 五十三次』『隈研吾建築図鑑』『誰も知らない日建設計』『シネドラ建築探訪』『はじめてのヘリテージ建築』など。共著に『建築巡礼』シリーズ（磯 達雄との共著）、『画文でわかる モダニズム建築とは何か』（藤森照信との共著）など。「みんなの建築大賞」推薦委員および事務局長、「東京建築祭」実行委員（いずれも2023年から）。「BUNGA NET」（https://bunganet.tokyo/）で一般の人にもわかる建築情報を発信中。

デザイン　　中島雄太（YUTA Design Studio）

制作管理　　楠田博子（青幻舎）

温泉・銭湯・スパ・サウナ
イラストで読む 湯けむり建築 五十三次

発行日	2024年11月8日 初版発行
著者	宮沢洋
発行者	片山誠
発行所	株式会社青幻舎
	京都市中京区梅忠町9-1　〒604-8136
	TEL. 075-252-6766　FAX. 075-252-6770
	https://www.seigensha.com
印刷・製本	株式会社山田写真製版所

©2024　Miyazawa Hiroshi
Printed in Japan
ISBN978-4-86152-969-6 C0052

※本書のコピー、スキャン、デジタル化等の無断複製は、著作権法上での例外を除き禁じられています。